Couverture inférieure manquante

Début d'une série de documents
en couleur

LA LOI DU 30 MARS 1887

ET LES DÉCRETS DU 3 JANVIER 1889

SUR LA

CONSERVATION DES MONUMENTS
ET OBJETS MOBILIERS

PRÉSENTANT UN INTERÊT NATIONAL AU POINT DE VUE
DE L'HISTOIRE OU DE L'ART

PAR

Th. DUCROCQ

PROFESSEUR A LA FACULTÉ DE DROIT DE PARIS
DOYEN HONORAIRE DE LA FACULTÉ DE POITIERS
CORRESPONDANT DE L'INSTITUT
AVOCAT A LA COUR D'APPEL DE PARIS
ANCIEN BATONNIER DE L'ORDRE DES AVOCATS A LA COUR DE POITIERS
MEMBRE ET ANCIEN PRÉSIDENT DE LA SOCIÉTÉ DES ANTIQUAIRES DE L'OUEST

PARIS
ALPHONSE PICARD, ÉDITEUR
82, RUE BONAPARTE, 82

1889

Fin d'une série de documents
en couleur

À M. Léopold Delisle
respectueux hommage
Ch. Ducrocq

LA LOI DU 30 MARS 1887

ET LES DÉCRETS DU 3 JANVIER 1889

SUR LA

CONSERVATION DES MONUMENTS

ET OBJETS MOBILIERS

PRÉSENTANT UN INTÉRÊT NATIONAL AU POINT DE VUE
DE L'HISTOIRE OU DE L'ART

EXTRAIT DU COMPTE RENDU

De l'Académie des Sciences morales et politiques

(INSTITUT DE FRANCE)

PAR M. CH. VERGÉ

Sous la direction de M. le Secrétaire perpétuel de l'Académie.

LA LOI DU 30 MARS 1887

ET LES DÉCRETS DU 3 JANVIER 1889

SUR LA

CONSERVATION DES MONUMENTS

ET OBJETS MOBILIERS

PRÉSENTANT UN INTÉRÊT NATIONAL AU POINT DE VUE
DE L'HISTOIRE OU DE L'ART

PAR

Th. DUCROCQ

PROFESSEUR A LA FACULTÉ DE DROIT DE PARIS
DOYEN HONORAIRE DE LA FACULTÉ DE POITIERS
CORRESPONDANT DE L'INSTITUT
AVOCAT A LA COUR D'APPEL DE PARIS
ANCIEN BATONNIER DE L'ORDRE DES AVOCATS A LA COUR DE POITIERS
MEMBRE ET ANCIEN PRÉSIDENT DE LA SOCIÉTÉ DES ANTIQUAIRES DE L'OUEST

PARIS

ALPHONSE PICARD, ÉDITEUR

82, RUE BONAPARTE, 82

1889

I

La loi du 30 mars 1887 relative à la conservation des monuments et des objets mobiliers présentant un intérêt historique ou artistique, est venue combler heureusement une lacune de notre législation nationale. La plupart des États de l'Europe nous avaient de· :.lcé dans cette voie. Mais jusqu'à ce jour, sur notre terre de France et dans nos possessions d'Afrique, des monuments précieux de l'histoire ou de l'art, étaient menacés, compromis, dénaturés, souvent détruits, malgré les protestations de l'Institut, le zèle de la Commission des monuments historiques, la sollicitude des pouvoirs publics, le dévouement éprouvé de nombreuses sociétés savantes.

Quels obstacles s'opposaient donc au succès de tant de généreux efforts? Comment tant de bonnes et savantes volontés étaient-elles paralysées, même celle de la puissance publique?

Le Code pénal n'avait cependant pas oublié, dans son article 257, de punir, même de deux ans de prison et 500 fr.

d'amende, la dégradation « des monuments, statues et autres
« objets destinés à l'utilité ou à la décoration publique, et
« élevés par l'autorité publique ou avec son autori-
« sation. »

Dans le livre 2 du Code pénal, le second chapitre intitulé
« crimes et délits contre les propriétés », contient aussi
une longue section 3e, comprenant les articles 434 à 462, qui
punissent de peines sévères les « *destructions, dégradations
et dommages.* »

Mais tous ces textes n'étaient applicables, ni au propriétaire détruisant, mutilant, dégradant son propre bien, ni à
ses représentants légaux, ni à ceux qu'il emploie, ni aux
auteurs de prétendues restaurations, même faites suivant
le goût du jour, aussi malfaisantes parfois que des destructions, au point de vue des intérêts de l'histoire ou de
l'art.

C'est le respect absolu de la loi française pour le droit de
propriété, de la propriété de l'État, des départements, des
communes, des établissements publics, aussi bien que de
celle des particuliers, qui frappait d'impuissance l'administration et tous ses auxiliaires. L'abstention du législateur
avait aussi son côté généreux.

Il y avait lutte entre deux grandes idées, entre deux
principes, celui de l'inviolabilité du droit de propriété, et
l'intérêt national de l'histoire et de l'art, impossible à sauvegarder sans contraindre le propriétaire des monuments
et objets historiques ou artistiques. C'était un des aspects de
la lutte incessante au sein des sociétés, entre le droit individuel et l'intérêt public.

Sans doute l'intérêt public était armé du droit d'exproprier, qui fait fléchir le droit individuel. En ce qui concerne les immeubles, nos lois sur l'expropriation pour
cause d'utilité publique ont toujours permis d'exproprier
dans l'intérêt de la conservation des monuments. La discussion de la loi du 8 mars 1810, dans le procès-verbal de la

séance du Conseil d'État du 4 janvier 1810, en fait foi (1). La discussion de la loi du 3 mai 1841 en témoigne également, et M. Martin (du Nord), garde des sceaux, en repoussant comme inutile un amendement de M. Vatout disait avec une haute raison : « Ce n'est pas une question ; l'utilité pu- « blique n'est pas purement matérielle ; des traditions « nationales, l'histoire, l'art lui-même, ne sont-ils pas en « effet d'utilité publique, aussi bien que les ponts, les arse- « naux et les routes. » Aussi l'État a-t-il eu parfois recours à l'expropriation pour cause d'utilité publique dans l'intérêt des monuments. Une ordonnance royale du 3 octobre 1845 déclara l'utilité publique du dégagement du théâtre d'Orange. On en fit autant pour celui d'Arles et pour les arènes de cette ville. A une époque plus rapprochée de nous, un décret du 8 juin 1874, délibéré dans la séance du Conseil d'État du 28 mai précédent (2), avait autorisé l'expro- priation d'une partie de ses célèbres alignements de menhirs par la commune de Carnac, qui hélas! n'en usa point.

L'expropriation n'est qu'une arme insuffisante en pareille matière, d'un usage rare, toujours onéreux, et souvent dif- ficile.

La solution pratique ne pouvait se trouver que dans une restriction du droit de propriété, sans préjudice de la fa- culté d'exproprier.

Ce respect du droit de propriété explique donc la longue réserve du gouvernement et des assemblées politiques, qui n'était ni l'indifférence ni l'abandon.

Il explique aussi les lenteurs de la préparation de la loi nouvelle (de 1871 à 1878, en dehors du Parlement, et avec des avants-projets de M. Wallon et de M. Rousse ; en 1878 à

(1) Rapport de M. Tétreau, Président au Conseil d'État, du 8 jan- vier 1881, sur les mesures à prendre pour assurer la conservation des monuments mégalithiques, page 10.

(2) *Id.,* pages 13 et 14.

la Chambre des députés ; en 1879 au Conseil d'État, où l'un des membres de l'Académie en fut le rapporteur (1) ; de 1882 à 1887 aux deux Chambres), pour aboutir enfin au vote définitif du mois de mars 1887, et plus récemment encore au décret portant règlement d'administration publique du 3 janvier 1889, et à celui du même jour sur l'organisation de la commission des monuments historiques.

Il a été réservé à cette loi du 30 mars 1887 de trouver pour rapporteur, au Sénat, l'ancien ministre du cabinet présidé par M. Dufaure, qui, le 27 mai 1878, avait déposé le projet, et, à la Chambre des députés, l'ancien ministre du cabinet Gambetta, qui, le 19 janvier 1882, l'avait à nouveau déposé sur le bureau de la Chambre, après l'examen du Conseil d'État. Ces remarquables rapports de MM. Bardoux (2) et Antonin Proust (3) contiennent un exposé saisissant des actes de vandalisme qui rendaient une nouvelle législation nécessaire, la comparaison de notre ancienne réglementation insuffisante avec les mesures sévères édictées par les législations étrangères, les efforts tentés et les services rendus par la Commission des monuments historiques, avec son intéressante histoire depuis l'arrêté de création de 1837 signé par M. de Montalivet, ministre de l'Intérieur, jusqu'à nos jours.

Nous n'avons garde de reprendre ce qu'ils ont très bien dit. Mais l'application d'une loi nouvelle de cette nature peut donner lieu à des hésitations analogues à celles qui ont présidé à sa préparation. Elle peut aussi donner lieu à des difficultés d'interprétation.

(1) Rapport de M. Courcelle-Seneuil, conseiller d'État, du 21 février 1881.

(2) Annexes aux procès-verbaux des séances du 15 mars 1885 et du 15 mars 1886 (Sénat, session de 1885, n° 270, et session de 1886, n° 83.)

(3) Annexes aux procès-verbaux des séances des 8 juillet 1882 et 31 janvier 1887 (Chambre des députés, session de 1887, n° 1.501.)

Elles se produisent déjà, bien que les décrets rendus pour son exécution ne datent que de quelques semaines. Ils sont, comme nous venons de l'indiquer, l'un et l'autre du 3 janvier 1889, également insérés au *Journal officiel* du 8 du même mois. L'un est le décret portant règlement d'administration publique pour les détails d'application de la loi. L'autre est le décret de réorganisation de la Commission des monuments historiques, appelée à donner son avis sur toutes les applications de la loi. Il faut remarquer avec soin que ce second décret, bien que rendu en exécution de l'article 21 du premier, et par conséquent sur la demande du Conseil d'État, n'était pas légalement soumis à l'avis de ce grand corps, qui, en fait, n'a pas été appelé à en délibérer.

Il arrive souvent aux lois restrictives du droit individuel de donner lieu à des difficultés. Les ménagements dont elles environnent le droit de propriété, tout en le restreignant, contribuent à les faire naître. Les règlements d'exécution n'y sauraient échapper davantage, en raison même des consciencieux efforts faits par l'autorité réglementaire pour concilier l'intérêt public et l'intérêt privé, dans l'exécution de ces lois délicates.

Les mesures d'intérêt général, comme le second des deux décrets du 3 janvier 1889, donnent lieu parfois aussi à des hésitations ou à des dissidences.

Cependant au début même de l'application de telles lois, il est utile d'en déterminer exactement la portée juridique. Les autorités qui en ont la charge doivent trouver dans cette détermination la limite et la base de leur action, et les propriétaires intéressés, personnes civiles ou simples particuliers, la sauvegarde de leur droit dans toutes ses parties non atteintes par la loi nouvelle, comme dans celles réglées par elle.

C'est ce que nous voulons essayer de faire sur des points essentiels, dont quelques-uns semblent donner lieu, soit à des hésitations, soit à des dissidences, même entre les dispositions de la loi et celles des décrets.

Pour résoudre ces questions, nous nous proposons d'établir les six propositions suivantes, autour desquelles se placera forcément l'explication de la loi et des décrets dans leur ensemble.

1° La loi du 30 mars 1887 ajoute aux différences déjà très nombreuses qui existent entre les établissements publics et les simples établissements d'utilité publique, d'importantes et nombreuses différences;

2° Elle n'attache qu'à l'acte de classement définitif et régulier les effets légaux du classement des monuments, et spécialement la servitude légale créée par elle;

3° Elle n'exige pour le classement des objets mobiliers, comme pour celui des immeubles, que l'un des deux intérêts, historique ou artistique, sans que la réunion de l'un et de l'autre soit nécessaire;

4° Elle déclare inaliénable et imprescriptible, d'une manière absolue et sans aucune limitation de l'action en revendication de l'État, les objets mobiliers classés appartenant à l'État; — elle n'admet les restrictions des articles 2279 et 2280 du Code civil que pour ceux appartenant aux départements, aux communes, et aux établissements publics;

5° Elle est applicable à tous les objets mobiliers présentant un intérêt, soit historique, soit artistique, contenus dans les diverses collections de la Bibliothèque nationale (cabinets des monnaies, estampes, manuscrits, imprimés), aussi bien qu'à celles des musées nationaux, sous la même condition du classement par arrêté ministériel;

6° Elle n'est pas moins applicable aux richesses de même nature contenues dans les bibliothèques municipales, qu'à celles des musées des villes et des trésors des églises.

Les six parties suivantes de ce Mémoire vont être consacrées à la démonstration de chacune de ces propositions.

II

La loi du 30 mars 1887 crée quatre différences nouvelles entre les établissements publics et les simples établissements d'utilité publique. Elles sont relatives aux conditions légales du classement des monuments historiques et objets mobiliers. Pour les établir, nous sommes obligés de rappeler les principes posés sur ce point par la loi du 30 mars 1887.

L'économie de cette loi repose sur cette vérité démontrée par l'expérience, que l'intérêt général, de l'histoire ou de l'art, exige des sacrifices au droit de propriété, que c'est aux monuments et objets mobiliers classés *comme monuments historiques* qu'il est nécessaire de les imposer ; mais, par respect pour le droit de propriété, la loi n'admet le classement obligatoire que pour l'État, les départements, les communes et les établissements publics, tels que les hôpitaux, les hospices, les fabriques, les consistoires, etc. ; pour les particuliers, la loi n'admet qu'un classement facultatif, de leur part, subordonné à leur assentiment, sauf expropriation, et pour les immeubles seulement.

Cette distinction forme la règle fondamentale qui sert de base aux dispositions des trois chapitres de la loi intitulés : chapitre 1er : *Immeubles et Monuments historiques ou mégalitiques ;* chapitre II : *Objets mobiliers ;* chapitre III : *Fouilles.*

Or, dans aucun des articles de la loi les établissements d'utilité publique, tels que les Sociétés savantes reconnues, ne sont nommés. Faut-il leur appliquer les règles écrites pour les établissements publics ? ou celles écrites pour les particuliers ?

Avant de résoudre la question, nous devons d'abord faire connaître ces règles dissemblables pour les établissements publics et pour les particuliers.

La première de ces règles est relative au point capital des conditions du classement des immeubles parmi les mo-

numents historiques. Ce classement peut avoir lieu malgré
la résistance du département, de la commune, de l'établissement public propriétaire, et même, en ce qui concerne
l'État, du ministère aux services duquel l'immeuble do-
manial est affecté. Leur refus de consentement a pour
unique effet de rendre nécessaire, pour effectuer le classement, un décret en forme de règlement d'administration
publique, au lieu d'un arrêté du Ministre de l'instruction
publique et des beaux-arts, compétent lorsqu'il n'y a pas de
désaccord (art. 2).

Le déclassement aura lieu dans les mêmes formes et sous
les mêmes distinctions que le classement (art. 6).

L'immeuble appartenant à un simple particulier ne peut
au contraire être classé « qu'avec le consentement du propriétaire (art. 3 § Iᵉʳ) ». De là découlent deux situations
différentes pour les parties en présence.

Si le particulier propriétaire consent au classement, il
peut en stipuler les conditions. C'est un contrat qui intervient entre l'administration et lui. L'arrêté du Ministre en
détermine les conditions ; et l'article 3 § 2 ajoute: « S'il
« y a contestation sur l'interprétation et sur l'exécution
« de cet acte, il sera statué par le Ministre de l'instruction
« publique et des beaux-arts, sauf recours au Conseil d'État
« statuant au contentieux ».

Si le simple particulier propriétaire refuse au contraire
son consentement, ni le Ministre, ni même le Président de
la République, avec l'avis de l'Assemblée générale du Conseil d'État, ne peuvent classer l'immeuble contre sa volonté.
L'article 5 de la loi nouvelle confirme dans ce cas le droit
d'exproprier l'immeuble, dans les formes de la loi du
3 mai 1841. Nous avons déjà dit que depuis 1810 ce droit n'a
jamais cessé d'appartenir à l'administration.

La loi de 1887 conserve donc en cette matière, pour le
droit de propriété entre les mains des particuliers, les plus
grands ménagements. Il en résulte une première différence

de situation considérable entre les établissements publics et les particuliers.

Une seconde résulte des termes de l'article 7 qui déclare « les dispositions de la présente loi applicables aux monu- « ments histor¹ques régulièrement classés avant la pro- « mulgation ». Par voie de conséquence de la règle précé- dente, il réserve aux seuls particuliers le déclassement de droit de leurs immeubles antérieurement classés, pourvu qu'ils le réclament dans les conditions de délai imposées par la loi et si l'État n'a fait aucune dépense pour ce monument.

Une troisième différence plus profonde encore, s'il est pos- sible, est relative aux objets mobiliers.

Les objets mobiliers, dont la conservation présente un intérêt national au point de vue de l'histoire et de l'art, ne peuvent être classés que s'ils appartiennent à l'État, aux départements, aux communes, aux établissements publics (art. 8). La résistance au classement de leurs représentants légaux rend seulement nécessaire, comme pour les im- meubles un décret rendu dans la forme des règlements d'administration publique (art. 9).

Les objets mobiliers de même nature appartenant aux particuliers ne peuvent être l'objet d'aucun classement.

Enfin, en quatrième et dernier lieu, au chapitre intitulé : « *Fouilles* », l'article 14 de la loi dispose que, « lorsque « par suite de fouilles, de travaux ou d'un fait quelconque, « on aura découvert des monuments, des ruines, des ins- « criptions ou des objets pouvant intéresser l'archéologie, « l'histoire ou l'art, sur des terrains appartenant à l'État, à « un département, à une commune, à une fabrique ou « autre établissement public », le Maire de la commune devra assurer la conservation provisoire des objets décou- verts, et en aviser immédiatement le Préfet, lequel « en « référera, dans le plus bref délai, au Ministre de l'instruc- « tion publique et des beaux-arts, qui statuera sur les me- « sures définitives à prendre ».

Au contraire, « si la découverte a lieu sur le terrain « d'un particulier », le Maire ne peut prescrire aucune mesure provisoire, ni le Ministre aucune mesure définitive. Le Maire doit uniquement aviser le Préfet, sur le rapport duquel, et après avis de la Commission des monuments historiques, le Ministre pourra poursuivre l'expropriation totale ou partielle du terrain, « suivant les formes de la loi « du 3 mai 1841 ». Il sera possible que les objets découverts aient depuis longtemps disparu lorque le jugement d'expropriation interviendra. Le législateur n'a pas dû se le dissimuler. Son respect du droit de propriété l'a encore arrêté. C'est une quatrième et profonde différence qu'il a consacrée entre les établissements publics d'une part, et les particuliers de l'autre, au point de vue du régime de la propriété dans ses rapports avec les intérêts de l'histoire ou de l'art.

Telle est l'économie de la loi nouvelle, reposant ainsi sur une profonde antithèse, entre les propriétés de l'État, des départements, des communes et des établissements publics d'une part, et celles des particuliers d'autre part.

Que faut-il décider maintenant en ce qui concerne les simples établissements d'utilité publique ?

Ils ne sont nommés dans aucun des 18 articles de la loi, ni dans aucun des 22 articles du règlement d'administration publique du 3 janvier 1889. Le règlement n'aurait pu, du reste, sur un point de cette nature, rien ajouter au texte de la loi. Les rapports de MM. Bardoux et Antonin Proust, au Sénat et à la Chambre des députés, gardent le même silence. Ils n'auraient pas pu davantage suppléer à cet égard au texte législatif.

Entre ces deux partis à prendre, appliquer aux établissements d'utilité publique le régime imposé aux établissements publics, ou les faire bénéficier du régime moins restrictif du droit de propriété écrit pour des particuliers, nous n'hésitons pas.

Les principes généraux du droit commandent l'adoption de ce dernier parti.

Nous sommes en présence d'une loi « *salutaire* » sans doute, comme l'a très bien dit M. Bardoux, mais qui n'en est pas moins, comme il le dit aussi, « *une loi d'exception* (1) ». Elle modifie le régime de la propriété entre les mains des établissements publics; elle restreint leur droit de propriété; elle déroge au droit commun en ce qui les concerne.

Pour que ces dérogations fussent applicables aux établissements d'utilité publique, il eût fallu que la loi l'eût dit. Son silence les laisse soumis aux mêmes conditions que les particuliers, c'est-à-dire au droit commun de la matière.

N'est-il pas rationnel, d'ailleurs, qu'il en soit ainsi? Cette solution n'est-elle pas justifiée par les définitions qui ont fini par éclairer cette notion demeurée longtemps confuse, mais qui ne rencontrent plus de résistance dans la doctrine, et que la jurisprudence de la Cour de cassation à consacrées, notamment dans ses remarquables arrêts de la Chambre des requêtes du 28 octobre 1885 (2), et de la Chambre civile du 1er décembre 1886 (3)? Les établissements publics ne sont pas seulement dotés de la personnalité civile; ils font en outre partie intégrante de l'organisation administrative du pays ou sont étroitement rattachés à certaines de ses branches; ils représentent les services publics, soit d'intérêt général, soit d'intérêt local, soit religieux, comme les fabriques et les consistoires, soit laïques comme les hôpitaux, les hospices, les bureaux de bienfai-

(1) Page 20 du Rapport du 15 mars 1886.

(2) *Cazentre* C. *Administration de l'enregistrement;* Dalloz, 1885, 1, 397; Sirey, 1886, 1, 436.

(3) *Compagnie française d'irrigation du canal des Alpines* C. *Association syndicale d'assainissement et de vidanges d'Arles et de Tarascon;* Dalloz, 1886, 1, 183; Sirey, 1887, 1, 105.

sance, etc. N'est-il pas logique, en raison de ce caractère distinctif, que leur situation légale soit plus rapprochée de celle des communes, des départements, de l'État lui-même, et aille souvent jusqu'à l'assimilation, au point de vue de l'application de principes communs à leur régime financier, au régime de leurs propriétés, aux actes de leur vie civile, et aux règles de procédure qui les concernent.

Sur tous ces points, au contraire, les simples établissements d'utilité publique en diffèrent. Bien que constituant, avec les établissements publics, les seules personnes morales complètes, c'est-à-dire investies de la faculté d'acquérir même à titre gratuit, et soumis pour cette cause à certaines règles communes, ils sont en dehors de l'administration et des services publics. Il est donc juste que leur régime légal soit plus rapproché du droit commun ; ils ne peuvent être soustraits à son empire que par un texte formel.

De ces principes résulte un *criterium* d'interprétation infaillible, pour les nombreux articles de nos Codes ou de nos lois administratives, qui, de même que les articles 2, 6, 8, 11, 14 et 16 de la loi du 30 mars 1887, nomment les établissements publics, sans parler des établissements d'utilité publique. S'agit-il de textes dérogatoires au droit commun, leurs dispositions ne peuvent être étendues aux simples établissements d'utilité publique. Tels sont les articles 1712, 2045, 2121 du Code civil, 49, 69 § 5, 83, 481, 1032 du Code de procédure civile, etc., qui ne nomment que les établissements publics. S'agit-il, au contraire, de textes qui font aux établissements publics l'application du droit commun, ils sont *à fortiori* applicables aux établissements d'utilité publique. Tel est, par exemple, l'article 2227 du Code civil, aux termes duquel « l'État, les établissements publics et les « communes sont soumis aux mêmes prescriptions que les « particuliers, et peuvent également les opposer ». Une disposition de cette nature se trouve dans l'article 16 de la loi du 30 mars 1887, portant qu'en Algérie et dans les pays placés sous le protectorat de la France, « la propriété « des objets d'art ou d'archéologie, édifices, mosaïques, « bas-reliefs, statues, médailles, vases, colonnes, inscrip- « tions, qui pourraient exister sur et dans le sol des im- « meubles appartenant à l'État ou concédés par lui à des « établissements publics ou à des particuliers, sur et dans « des terrains militaires, est réservée à l'État ». Cette ré- serve appliquée aux concessions de terre domaniales con- senties à des particuliers, aussi bien qu'à celles consenties aux établissements publics, devient évidemment le droit commun des concessions domaniales dans nos possessions d'Afrique et d'Asie, et s'étend également à celles qui y se- raient faites aux établissements d'utilité publique.

Tous les autres articles de la loi de 1887, dans lesquels les établissements publics sont nommés, dérogeant au con- traire au droit commun, ne peuvent être étendus aux éta- blissements d'utilité publique.

Le même silence gardé par le règlement d'administration publique du 3 janvier 1889, en ce qui concerne cette caté- gorie d'établissements, confirme ces solutions et l'applica- tion de ces principes.

Il en résulte donc quatre différences nouvelles entre les établissements publics et les établissements d'utilité publique. Ce sont celles expressément établies par la loi entre les établissements publics et les particuliers : 1° Les immeubles des établissements d'utilité publique ne peuvent être classés qu'avec leur assentiment, sauf expropriation ; 2° pour leurs immeubles classés avant la loi nouvelle, ils peuvent réclamer le déclassement de droit dans les mêmes conditions que les particuliers ; 3° leurs objets mobiliers échappent à tout classement ; 4° en cas de fouille ou décou- verte dans les terrains leur appartenant, l'autorité ne peut prescrire aucune mesure, sauf l'expropriation totale ou partielle de l'immeuble.

2

En un mot, c'est le régime contraire à celui qui est appliqué par la loi aux établissements publics, aux communes, aux départements, à l'État.

Indépendamment des motifs d'ordre juridique que nous avons donné de ces différences nouvelles entre le régime légal des établissements publics et celui des établissements d'utilité publique, il existe un motif d'un autre ordre, spécial à la matière régie par la loi de 1887. En fait, les établissements d'utilité publique qui peuvent posséder, et dont plusieurs possèdent en réalité, des immeubles ou des objets mobiliers dont la conservation présente un intérêt historique ou artistique, sont principalement des sociétés savantes. Ce sont des sociétés d'archéologie, d'histoire, de beaux-arts, reconnues comme établissements d'utilité publique. Or ces sociétés sont sur les divers points du territoire les représentants dévoués de l'esprit de conservation des richesses archéologiques, historiques et artistiques de la France. Ce sont les auxiliaires les plus actifs de la Commission des monuments historiques et du Ministère de l'Instruction publique et des Beaux-Arts. Souvent elles ont sauvé de la ruine, ou de ventes malheureuses, des monuments ou des trésors que l'État placé plus loin et plus haut n'aurait pu sauvegarder. Ces sociétés comptent dans leur sein de nombreux promoteurs de la loi nouvelle. Toutes en pressaient le vote.

M. Bardoux dans son rapport au Sénat le constate, en demandant à la haute Assemblée le vote de la loi : « Nous « ne ferons d'ailleurs qu'obéir aux vœux de l'unanimité des « sociétés savantes. Dans sa séance du 9 juillet 1885, la « Société des Antiquaires de France a émis un vœu dans le « but d'obtenir une réforme utile de la législation en « matière de monuments historiques. A la suite de ce vœu, « soixante-quinze sociétés de belles-lettres ou d'archéo-« logie ont, dans des lettres qui nous ont été communiquées,

« donné leur adhésion motivée à l'initiative de la Société
« des Antiquaires de France (1) ».

Plus loin, en parlant de la Commission des monuments
historiques, M. le Rapporteur ajoute : « Nous comptons
« pour seconder ses efforts sur les sociétés archéologiques
« de province, et sur les progrès du goût public (2) ».

Le rapport de M. Antonin Proust du 31 janvier 1887 à la
Chambre des Députés contient les mêmes constatations et
dit en outre en terminant : « Une observation d'une
« réelle importance a été faite par l'un de nos collègues et
« la Commission s'est ralliée à cette observation. Notre col-
« lègue a fait observer qu'il serait de bonne administration
« d'intéresser les sociétés des départements à l'œuvre de la
« conservation des monuments qui présentent un intérêt
« historique ou artistique. Cette observation vient à pro-
« pos » ; et M. le Rapporteur rappelle le vote de la Société
des Antiquaires de France et des soixante-quinze sociétés
de province.

Tels sont les motifs d'ordres divers pour lesquels le législateur de 1887 s'est abstenu, et a bien fait de s'abstenir,
d'étendre aux établissements d'utilité publique les quatre
règles dérogatoires au droit commun, appliquées par elle
aux seuls établissements publics, comme aux communes,
aux départements et à l'État.

Sans doute tous les établissements d'utilité publique auxquels ne se réfèrent pas les dernières considérations que
nous venons de faire valoir, profiteront aussi de cette assimilation des établissements d'utilité publique aux particuliers. Mais il en est bien peu, en dehors des sociétés d'archéologie, d'histoire et de beaux-arts, qui possèdent des
monuments ou meubles historiques ou artistiques. Les con-
grégations religieuses en possèdent parfois ; mais les

(1) Page 13.
(2) Page 29.

caisses d'épargne, les associations syndicales autorisées, les associations charitables ou de prévoyance, même les autres sociétés savantes, n'en ont pas. Dans tous les cas, les raisons de décider au point de vue juridique, sont les mêmes pour toute cette catégorie d'établissements, sans aucune exception.

Les sociétés d'archéologie, d'histoire, de beaux-arts, et les autres établissements d'utilité publique qui posséderaient des monuments historiques ou artistiques, n'en auront pas moins très souvent intérêt à en demander le classement. Ils pourront y gagner l'avantage d'obtenir une allocation, non pas obligatoire sans doute (art. 8 et 9 du règlement du 3 janvier 1889), mais possible sur le crédit des monuments historiques, pour les travaux nécessaires à la conservation de leur immeuble. Ils y gagneront toujours la décharge des servitudes, d'alignement, de nivellement, de grattage, etc., et enfin, au cas où une expropriation pour l'ouverture de quelque voie publique ou la réalisation d'autres travaux publics viendrait à le menacer, la garantie de l'intervention nécessaire de la Commission des monuments historiques et du Ministère de l'Instruction publique et des Beaux-Arts.

III .

Nous avons fait connaître plus haut les conditions légales du classement des immeubles. La question dont nous abordons maintenant l'examen se réfère aux conséquences légales de ce classement.

L'article 4 édicte les effets nouveaux du classement. Il consacre la réforme essentielle de la loi du 30 mars 1887 en ce qui concerne les immeubles classés. Ces effets du classement des monuments historiques sont désormais au nombre de quatre :

1° Le classement grève l'immeuble classé d'une servitude légale d'utilité publique consistant dans l'interdiction pour le propriétaire de détruire, même partiellement, de restaurer, de réparer, ou modifier son immeuble, sans le consentement du Ministre de l'Instruction publique et des Beaux-Arts.

2° Il protège l'immeuble classé contre toute poursuite en expropriation pour cause d'utilité publique, qui n'aurait pas été précédée des observations du Ministre de l'Instruction publique et des Beaux-Arts.

3° Il le soustrait aux servitudes d'alignement et autres, telles que celles de nivellement, de grattage des façades, qui pourraient le dégrader.

4° Enfin les effets du classement suivent l'immeuble classé en quelques mains qu'il passe.

Ces quatre effets du classement sont les mêmes, quelque soit le propriétaire, simple particulier ou personne civile de toute catégorie. Les distinctions que nous avons rencontrées au point de vue des conditions du classement, disparaissent après le classement effectué. Ses effets sont identiques pour tous.

La dispense des servitudes d'alignement et autres, et la réserve imposée à l'exercice du droit d'expropriation, sont des dérogations au droit commun favorables au propriétaire des immeubles classés. Mais il en est autrement de l'effet qui lui est attaché par le premier paragraphe de l'article 4. Il crée la servitude nouvelle, archéologique ou artistique ; il restreint le droit de propriété en faisant peser, dans l'intérêt public, sur l'immeuble classé, une charge contraire aux prérogatives normales du propriétaire.

Nous faisons remarquer que le texte de cet article 4 § Ier ne grève de cette servitude que « *l'immeuble classé* » ; qu'il n'attache cet effet légal, dérogatoire au droit commun, qu'à l'acte de classement, arrêté ministériel ou décret en forme de règlement d'administration publique.

Ce te: ? dispose en effet que « *l'immeuble classé ne*
« *pourra être détruit* », restauré, réparé, modifié, etc.

Donc il ne suffit pas pour engendrer la servitude d'une
demande de classement, d'une proposition, d'un projet de
classement, d'une instruction en cours. Il faut un classement régulièrement effectué par arrêté ministériel ou par
décret, pour que la servitude existe.

Les dispositions de la loi du 30 mars 1887 nous paraissent
à cet égard aussi explicites que possible. Aussi n'aurions-
nous pas soulevé la question. Mais elle vient de l'être par
l'article 12 du décret portant règlement d'administration
publique du 3 janvier 1889, ainsi conçu :

« Les immeubles qui seraient l'objet d'une proposition de
« classement en cours d'instruction ne pourront être
« détruits, restaurés ou réparés sans le consentement du
« Ministre de l'Instruction publique et des Beaux-Arts, jus-
« qu'à ce que la décision ministérielle soit intervenue, si
« ce n'est après un délai de trois mois à dater du jour où la
« proposition aura été régulièrement portée à la connais-
« sance de l'établissement public ou du particulier pro-
« priétaire. »

La contradiction entre l'article 4 de la loi et cet article 12
du règlement d'administration publique nous paraît saisissante. Tandis que le premier ne fait résulter la servitude
que de l'acte de classement, décret ou arrêté, le second la
fait dériver de la proposition de classement et de son instruction, pourvu que l'acte de classement intervienne dans
les trois mois de l'avertissement donné à l'établissement ou
au particulier propriétaire.

Sans doute cette précaution peut être fort utile au point
de vue pratique, contre un usage possible, dangereux pour
l'histoire ou pour l'art, du droit de propriété, gagnant de
vitesse la procédure du classement. Mais puisque la loi
seule a pu créer la servitude, et lui a nettement assigné son
point de départ, l'autorité réglementaire, qui n'a mission

que de pourvoir à l'exécution de la loi, ne peut en assigner un autre, pour faire rétroagir la servitude, à un moment où, d'après la loi, elle n'est pas encore née.

N'est-ce pas la conséquence directe du principe constitutionnel de la séparation des pouvoirs législatif et exécutif? La limite de l'autorité réglementaire dont le pouvoir exécutif est investi, soit qu'il l'exerce en vertu de sa mission générale d'exécution des lois, soit qu'il l'exerce en vertu d'une mise en demeure spéciale du pouvoir législatif, comme celle de l'article 18 de la loi du 30 mars 1887, cette limite se trouve dans les prescriptions formelles de la loi. D'ailleurs, même en admettant par hypothèse que le législatif pût déléguer à l'exécutif le droit d'augmenter les charges du droit de propriété, il faudrait une délégation formelle. Il est impossible de la voir dans cet article 18, portant qu' « un règlement d'administration publique déter- « minera les détails d'application de la présente loi ». Il s'agit de bien autre chose ici que d'un « détail d'application », puisque c'est l'existence même de la servitude, que le règlement fait rétroagir au jour de la demande, contrairement au texte net et précis de l'article 4 § Ier de la loi.

On ne peut même pas arguer d'un oubli qui aurait été commis dans la préparation de la loi. Un passage, à la fin du dernier rapport de M. Antonin Proust à la Chambre des Députés (1), après le retour de la loi du Sénat et au moment du vote définitif par la Chambre conformément au texte voté par la haute Assemblée, pourrait le faire supposer; mais ce serait une illusion. M. le rapporteur « constate que « l'on n'a point établi de distinction entre le classement « préalable et le classement définitif »; puisque « dans la « pratique actuelle le classement préalable n'a qu'un effet « suspensif jusqu'au jour où intervient l'accord (entre l'ad- « ministration et le propriétaire) ».

(1) Page 120.

Il poursuit en disant que « la loi actuelle ajoutant en cas
« de désaccord, la sanction du Conseil d'État, on aurait pu
« rédiger ainsi l'article 3 : — « L'immeuble appartenant à
« un particulier sera *préalablement* classé par un arrêté du
« Ministre de l'Instruction publique et des Beaux-Arts
« qui déterminera les conditions de ce classement. S'il y
« a contestation *sur les conditions* dudit classement, il
« sera statué par le Ministre de l'Instruction publique et
« des Beaux-Arts, sauf recours au Conseil d'État statuant
« au contentieux... » — Mais l'opinion de la Commission est
« que pour ne pas retarder la promulgation d'une loi
« impatiemment attendue, il convient de maintenir l'ar-
« ticle 3 en ses deux paragraphes, tel qu'il a été voté par le
« Sénat ».

Ce sage avis a été suivi.

Mais la rédaction qui se trouve ainsi n'être indiquée par
le rapporteur que pour la forme, est, elle aussi, en contradiction absolue avec les prescriptions de l'article 3 telles
qu'elles ont été votées. Le § 1er dispose que l'immeuble
appartenant à un particulier « ne pourra être classé
« qu'avec le consentement du propriétaire »; donc ce texte
n'admet pas plus la possibilité d'un classement *préalable*
que celle d'un classement *définitif* sans ce consentement.
Le § 2 ne prévoit pas une contestation sur *les conditions
dudit classement*, qui seule pourrait se concilier avec la
théorie d'un classement préalable et d'un classement définitif; il prévoit une *contestation sur l'interprétation et sur
l'exécution de l'acte* de classement réalisé et qui « ne peut
« l'être qu'avec le consentement du propriétaire. »

M. le rapporteur dit aussi : « L'article 7 tranchant la
« question, il ne peut y avoir de doute sur la portée de
« l'article 3 à ce sujet. La distinction subsiste donc ».

Je viens de montrer que le texte de l'article 3 la proscrit
absolument. Pour l'article 7 il y est entièrement étranger.
Il rend « les dispositions de la présente loi applicables aux

« monuments historiques *régulièrement* classés avant la
« promulgation ». Il n'est donc pas question là d'un classement préalable. Il l'est si peu qu'il reste définitif pour
l'État, le département, les communes et les établissements
publics. Seulement en ce qui concerne l'immeuble appartenant à un simple particulier et par conséquent à un établissement d'utilité publique, il sera déclassé de droit s'ils
le demandent dans le délai fixé par la loi et si l'État n'a fait
aucune dépense pour ce monument. Il n'y a donc rien là
qui ressemble au maintien par cet article 7 de la distinction d'un classement préalable et d'un classement définitif.
Il y a tout simplement un classement qui était définitif avant
1887 et qui est suivi, sous l'empire de la loi de 1887, d'un
déclassement de droit. Le motif en est, ainsi que nous
l'avons déjà constaté, que la loi nouvelle, ne permettant
désormais le classement des immeubles appartenant aux
particuliers qu'avec leur consentement, n'a pas voulu maintenir le classement antérieur sans leur consentement, sauf
le cas où le propriétaire aurait accepté l'intervention financière de l'État.

La vérité est que, non seulement l'article 7 est étranger
à la théorie du classement préalable et du classement définitif, et que l'article 3 la *condamne absolument*, mais aussi
que toutes les dispositions du chapitre 1ᵉʳ sont inconciliables
avec elle, aussi bien en ce qui concerne l'État, les départements, les communes et les établissements publics, que les
particuliers. L'article 5 confirme ce que nous venons de dire
de l'article 3. L'article 2 ne permet pas au Ministre de l'instruction publique de classer, même à titre préalable, lorsqu'il y a résistance des représentants légaux de l'établissement propriétaire ; il n'admet alors qu'un classement unique
par décret rendu en Assemblée générale du Conseil d'État ;
et de même, s'il n'y a pas désaccord, le Ministre est seul
compétent, et ne prend qu'un *arrêté unique* pour opérer le
classement.

En un mot, en ce qui concerne le classement des immeubles, toute l'économie du chapitre 1ᵉʳ de la loi de 1887
est entièrement inconciliable avec la distinction d'un classement préalable et d'un classement définitif.

Il en est autrement de l'article 9, mais cet article est dans
le chapitre 2, et est exclusivement relatif au classement des
meubles. Il consacre une garantie au profit des propriétaires d'objets mobiliers, tandis que la théorie que nous
venons de réfuter tend à une aggravation de servitude.

Cette aggravation a passé dans l'article 12 du décret d'administration publique, bien qu'il ne s'approprie pas la thèse
qui seule pourrait la justifier (si elle n'était proscrite par
la loi), de la distinction du classement préalable et du classement définitif d'immeubles dont la conservation présente
un intérêt historique ou artistique.

Un document parlementaire, si important qu'il soit, ne
peut suppléer au texte de la loi et surtout prévaloir contre
la teneur de ses dispositions.

Cette règle d'interprétation est d'autant plus fondée dans
l'espèce que le rapport de la Commission sénatoriale ne
contient rien de pareil. M. Bardoux y fait au contraire cette
constatation significative : « Nous apportons toute circons-
« pection dans la rédaction de cette loi. Le droit de pro-
« priété est sauvegardé ».

Cette circonspection même est un argument de plus à
l'appui de notre thèse.

Nous avons ainsi démontré que l'article 12 du décret du
3 janvier 1889 manque de base légale, comme le serait la
prétention de créer les servitudes de voirie avant les voies
publiques dont elles sont l'accessoire, ou de refuser un alignement demandé en conformité d'un plan général exis-
tant, sous le prétexte qu'on en prépare un autre. La jurisprudence du Conseil d'État délibérant au contentieux (1) et

---

(1) Arrêts des 2 mai 1861 (*Letellier-Delafosse*) ; 22 janvier 1863 (*ac*

la doctrine des auteurs (d'un membre de l'Académie (1) notamment, avec l'autorité qui lui appartient), ont fait justice de ces prétentions. Celle de l'article 12 du règlement du 3 janvier dernier doit avoir le même sort.

Quelles seront les conséquences pratiques des principes que nous venons de rappeler ? Il en résulte que l'article 12 ne constitue pas un règlement *légalement fait;* or, l'autorité judiciaire, compétente pour appliquer les règlements légalement faits par l'autorité administrative, et obligée de leur donner leur sanction aux termes de l'article 471 n° 15 du Code pénal, cesse d'être investie de ce pouvoir et d'être soumise à cette obligation, lorsque le règlement est en contradiction avec la loi ou même cesse d'avoir sa base dans la loi.

Sans qu'il soit besoin de compliquer cette question de l'examen des difficultés relatives à l'admission du recours en annulation pour excès de pouvoirs contre les actes réglementaires, nous admettons que l'article 12 du règlement peut avoir l'effet d'une disposition comminatoire. L'administration pourra tenter d'empêcher ce qu'il défend, en faisant usage des moyens dont elle dispose. Ils n'étaient pas très efficaces avant la loi nouvelle, ils ne sauraient l'être davantage depuis. Le Ministre de l'instruction publique, abandonné à ses propres ressources, est au moins frappé d'une impuissance relative vis-à-vis des personnes civiles; il est toujours, vis-à-vis des particuliers, frappé d'une impuissance absolue.

L'intervention de l'autorité judiciaire est indispensable pour donner à la loi et au règlement leur sanction.

Cette sanction est double, répressive et civile.

---

la *Moscowa*) ; 11 janvier 1866 (*Chabannes*) ; 23 janvier 1868 (*Vogt*) ; 18 mars 1869 (*Labille*) ; 11 juillet 1879 (*ville d'Alger c. Alçay*), etc.

(1) M. Léon Aucoc, *Conférences sur l'administration et le droit administratif,* tome III, n° 1051, page 116.

Le législateur de 1887 n'a pas voulu faire un délit de police correctionnelle, de la destruction, restauration, réparation ou modification, sans autorisation, d'un monument classé. C'est encore par considération pour le droit de propriété qu'il s'est abstenu, tant par rapport aux personnes civiles qu'aux particuliers. Mais si le législateur n'a pas voulu créer un délit nouveau, il n'a entendu déroger à aucun article du Code pénal, et par suite n'a nullement écarté l'application en cette matière de l'article 471 n° 15 du Code pénal que nous citions tout à l'heure. Cet article punit d'une amende, depuis un franc jusqu'à cinq francs inclusivement, « ceux qui auront contrevenu aux règlements « légalement faits par l'autorité administrative ». Ce caractère appartient à toutes les autres dispositions du décret du 3 janvier 1889 relatives au classement des immeubles, et notamment aux articles 10 et 11 relatifs aux travaux dont l'exécution sans autorisation est interdite par l'effet de la servitude légale. Toute violation de ces dispositions réglementaires, *légalement faites* par l'autorité administrative, constitue donc une contravention de simple police punie par le texte général de l'article 471 n° 15 du Code pénal.

Pour l'article 12 du Décret, au contraire, nous estimons que l'autorité judiciaire, investie du droit de vérifier la légalité des règlements, pourra reconnaître qu'il n'est pas légalement fait en raison de sa contradiction avec la disposition de la loi. Elle devrait en conséquence, non pas l'annuler (le principe de séparation des deux autorités s'y oppose), mais se refuser à l'appliquer, c'est-à-dire à prononcer pour la violation de cet article 12 du décret la sanction pénale de l'article 471 n° 15.

Il en est de même de la sanction civile organisée par l'article 12 de la loi du 30 mars 1887. Cet article dispose que « les travaux, de quelque nature qu'ils soient, exécutés en « violation des articles qui précèdent, donnent lieu au pro- « fit de l'État, à une action en dommages-intérêts contre

« ceux qui les auraient ordonnés ou fait exécuter ». Si le Ministre de l'instruction publique et des beaux-arts, exerçait cette action pour des travaux exécutés pendant l'instruction d'une proposition de classement, avant que l'arrêté ou le décret de classement ne soit intervenu, nous estimons que l'autorité judiciaire devrait également s'abstenir de prononcer la condamnation civile réclamée. Nous avons montré que l'on ne serait pas dans le cas prévu par l'article 4 § 1er de la loi, auquel se réfère, en ce qui concerne les immeubles, son article 12. L'action intentée manquerait donc de base légale, et l'article 12 du règlement ne pourrait la lui fournir, puisqu'il n'est pas en harmonie avec les prescriptions de la loi.

Il n'en serait autrement que s'il résultait des termes de la demande, signée du simple particulier propriétaire ou du représentant légal de la personne morale, un engagement formel de maintenir sans changements l'immeuble en son état actuel dans le délai fixé par l'article 12 du règlement pour la période d'instruction. Cet engagement ne suffirait certes pas, au cas où il serait violé, pour justifier une poursuite devant le tribunal de simple police, et le prononcé de la peine édictée par l'article 471 n° 15 du Code pénal. Cet article n'en continuerait pas moins à être inapplicable dans ce cas. La violation d'un engagement, soit unilatéral, soit synallagmatique, ne saurait être assimilée au point de vue répressif, à la violation d'un règlement légalement fait, ni suppléer à l'inefficacité à ce point de vue du règlement. Mais, au point de vue d'une condamnation en dommages-intérêts à prononcer par les tribunaux civils il en serait autrement. Cet engagement, en cas de violation, fournirait la base légale, qui, dans l'espèce, ne se trouverait, ni dans le règlement ni dans la loi. L'administration aurait à tenir la main à ce que l'engagement dont il s'agit soit formellement exprimé, et à ce que la délibération du conseil général, du conseil municipal, des commissions

administratives, ou des sociétés, confèrent bien à leurs représentants le pouvoir de le prendre.

En dehors de ces précautions, il serait téméraire dans le
cas qui nous occupe, de plus compter sur une condamnation
civile, que sur une condamnation en simple police.

Les principes sont les mêmes, qu'il s'agisse d'une sanction
pénale ou d'une sanction civile. Du moment que la loi fait
défaut, et que la disposition à appliquer est d'ordre règle-
mentaire, le règlement doit toujours être *légalement fait*
pour justifier les condamnations, tant au civil qu'au crimi-
nel, prononcées par les tribunaux, pour réprimer sa violation.

Ce principe est une sauvegarde pour tous les citoyens
contre les abus de pouvoir possibles de l'autorité réglementaire, et contre les empiétements, même involontaires, du
pouvoir exécutif sur le domaine de la puissance législative.

Il pourra en résulter la nécessité d'instructions plus ra-
pides dans l'application de la loi nouvelle. Quoiqu'il en soit,
les principes du droit nous paraissent imposer la solution,
et les ménagements dont le législateur de 1887 a tenu à
entourer le droit de propriété, tout en restreignant ses
prérogatives, nous semblent commander une appréciation
rigoureuse de la légalité du règlement.

IV

Sur un point tout autre, nous avons la crainte que les
termes du règlement du 3 janvier 1889 et surtout du second
décret du même jour, n'aient restreint, au contraire, la
mission dévolue au gouvernement par la loi du 30 mars 1887.
Nous voulons parler de l'article 16 du règlement et de l'article 1er du décret d'organisation de la Commission des monuments historiques, dans leurs dispositions relatives au classement des objets mobiliers.

Nous avons déjà dit que l'article 8 de la loi ne permet pas de comprendre dans ce classement, les *objets mobiliers* appartenant aux particuliers, et par suite, aux simples établissements d'utilité publique. Mais ce texte dispose impérativement qu' « il sera fait, par les soins du Ministre de « l'instruction publique et des beaux-arts, un classement « des *objets mobiliers* appartenant à l'Etat, aux départe- « ments, aux communes, aux fabriques et autres établisse- « ments publics, dont la conservation présente, au point de « vue de l'histoire *ou* de l'art, un intérêt national ».

Ainsi le texte de la loi est formel. Le classement doit comprendre les objets mobiliers dont la conservation présente un intérêt national, soit au point de vue de l'histoire, soit au point de vue de l'art. Le classement ne doit pas seulement comprendre les objets mobiliers, domaniaux, départementaux, communaux et des établissements publics, présentant à la fois les deux intérêts, historique et artistique, réunis. Il doit comprendre également ceux de ces objets qui ne présentent que l'un des deux intérêts, à l'exclusion de l'autre.

Le réglement du 3 janvier 1889, dans son article 16, emploie la copulative *et*, au lieu de la copulative *ou*, que nous venons de voir dans l'article 8 de la loi. Cette substitution serait d'autant plus grave que cette locution défectueuse de l'article 16 du règlement, pourrait être considérée comme faisant antithèse à l'article 1er du même décret, relatif au classement des immeubles, et qui le prescrit au contraire, conformément à l'article 1er de la loi, pour les *immeubles* « dont la conservation peut avoir, au point de vue de l'his- « toire *ou* de l'art, un intérêt national ».

L'article 16 du règlement dont nous critiquons en ce moment la rédaction, est ainsi conçu :

« Les articles 6, 8 et 9 du présent règlement sont appli- « cables aux objets mobiliers appartenant à l'Etat, aux dé- « partements, aux communes, aux fabriques et autres éta-

« blissements publics, dont la conservation présente, au
« point de vue de l'histoire *et* de l'art, un intérêt natio-
« nal. »

Malheureusement l'article 1ᵉʳ du décret du même jour
fixant l'organisation de la commission des monuments historiques et le mode de nomination de ses membres, emploie
la même locution et l'aggrave singulièrement. Cet article 1ᵉʳ,
du reste étranger à l'organisation de la Commission, se réfère à ses attributions. Il dispose qu'elle « a pour mission
« d'établir la liste des monuments et objets ayant un intérêt
« historique *et* artistique... » Nous rappelons que ce second
décret du 3 janvier 1889 n'a pas été soumis au Conseil d'État
et qu'il n'est pas, comme le premier, un règlement d'administration publique.

La différence, à ce point de vue, entre les deux décrets et
l'article 8 de la loi, est manifeste. Ses conséquences pratiques
seraient d'une haute importance, s'il fallait en tenir compte.

Nous ne le croyons pas, parce que les décrets ne peuvent
modifier les lois dont ils ont mission de déterminer les détails
d'exécution et de faire l'application. D'ailleurs, l'article 17 (1) du règlement a soin de se référer à cette disposition capitale de la loi, en traitant de l'initiative du
« classement des objets mobiliers *prescrit par l'article 8 de*
« *la loi.* »

Aussi, s'il n'y avait que l'article 16 du règlement, ainsi
rectifié par l'article 17, il nous serait permis de supposer
que l'emploi du mot *et*, au lieu du mot *ou*, dans ce décret
est l'effet d'une inadvertance.

Mais, en dehors du Conseil d'État, dans la rédaction du

(1) Ainsi conçu : « Le classement des objets mobiliers *prescrit par*
« *l'article 8 de la loi* est fait par le Ministre de l'instruction publique et
« des beaux-arts, soit d'office, soit sur la demande du Ministre dans les
« attributions duquel est placé le service auquel ces objets sont
« affectés, soit sur celle des représentants légaux de l'établissement
« propriétaire ».

second décret auquel il est étranger, il est difficile de ne pas reconnaître une inspiration en désaccord avec le texte précis de l'article 8 de la loi. Peut-être cette rédaction signalée de l'article 1er du second décret du 3 janvier 1889 a-t-elle voulu imiter l'intitulé de la loi.

Il est en effet ainsi libellé au *Journal officiel* et au *Bulletin des lois :* « *Loi relative à la conservation des monuments et objets d'art ayant un intérêt historique et artistique* ». Il ne saurait échapper à personne que cet intitulé est aussi défectueux, au point de vue du style, qu'au point de vue du droit. Le pléonasme qu'il contient est même corrigé dans le sommaire du *Journal officiel* du 8 janvier qui publie les décrets du 3. Il ne parle plus « *d'objets d'art* » présentant un intérêt historique et *artistique* », mais des « monuments et *objets* ayant un intérêt historique et artis- « tique ». Cet intitulé, sans pléonasme, était déjà celui du projet examiné par le Conseil d'État en 1881; celui du projet de 1878 et de l'avant-projet rédigé par M. Rousse, ne portait que ces mots « monuments historiques et objets d'art ». C'est dans le projet présenté aux Chambres en 1882 que s'est produite la rédaction actuelle.

Quoiqu'il en soit du titre lui-même, et de ces vicissitudes de sa rédaction qui en expliquent les défectuosités, c'est une règle d'interprétation certaine, que l'intitulé d'une loi s'efface, au point de vue du fonds du droit créé par elle, devant les dispositions formelles de ses articles. Or, l'unique article de la loi du 30 mars 1887, relatif au principe du classement des meubles, l'article 8, n'emploie pas l'expression d' « *objets d'art* », qui exigerait toujours l'intérêt artistique ; il ne parle que des « *objets mobiliers* ». Ces mots « *objets mobiliers* » forment aussi la rubrique du chapitre II de la loi, dont cet article 8 est la première disposition. Nous avons vu enfin que ces mots « objets mobiliers » sont suivis dans l'article 8, de cette formule, contraire à celle de l'intitulé de la loi : « dont la conservation

« présente, au point de vue de l'histoire *ou* de l'art, un
« intérêt national ».

Donc, la loi commande, non seulement le classement des
objets d'art, mais aussi le classement des « objets mobiliers » qui ne sont pas des objets d'art, qui ne présentent
aucun intérêt artistique, mais qui présentent un intérêt
historique.

C'est là un point de droit d'une portée considérable au
point de vue de l'application de la loi nouvelle. Il importe
au premier chef à la conservation d'une partie des richesses
mobilières de la France, de son patrimoine historique d'une
incalculable valeur, ainsi que nous le montrerons dans les
parties suivantes de ce mémoire consacrées à l'examen des
conséquences du principe que nous posons en ce moment.

Ce principe que l'un des deux intérêts, soit historique,
soit artistique, suffit à lui seul pour l'application de la loi
de 1887, constitue d'ailleurs une de ses bases fondamentales.
Il est écrit, au chapitre 1er, consacré aux immeubles, dans
l'article 1er parlant « des immeubles dont la conservation
« peut avoir, au point de vue de l'histoire *ou* de l'art, un
« intérêt national »; au chapitre II, consacré aux objets
mobiliers, dans notre article 8, reproduisant les mêmes
termes; au chapitre III, intitulé « fouilles », dans l'article 14,
s'appliquant expressément « aux objets pouvant intéresser
« l'archéologie, l'histoire *ou* l'art »; et au chapitre IV, con-
tenant les dispositions spéciales à l'Algérie et aux pays de
protectorat, dans l'article 16 parlant de « la propriété des
« objets d'art *ou* d'archéologie »

En ce qui concerne les documents parlementaires, on
comprend aisément que dans la préparation de la loi, le
mot *et* ait pu être parfois employé par mégarde par les
rapports; mais leur lecture, rapprochée des dispositions si
nombreuses et si précises de la loi, ne permet aucun doute
sur la volonté du législateur.

Le rapport de M. Antonin Proust (pages 70 et 121) parle des monuments « qui présentent un intérêt historique *ou* « artistique ».'

Celui de M. Bardoux parle aussi (page 21) des monuments « dont la conservation intéresse l'histoire *ou* l'art », et il se termine par ces phrases remarquables qui s'appliquent à l'ensemble de la loi, aux objets mobiliers, comme aux immeubles : « *Nous croyons que les dispositions contenues* « *dans le projet que nous vous proposons d'adopter, seront* « *suffisantes pour donner à l'État les pouvoirs qui lui man-* « *quent en pareille matière. Si cette loi nouvelle, dans le* « *but de protéger des œuvres d'art ou d'histoire d'une im-* « *portance capitale, vient limiter le droit de propriété dans* « *les mains des personnes morales qui les possèdent, ce ne* « *sera plus une entreprise excessive sur leur indépendance,* « *que de la subordonner, comme nous le faisons, aux in-* « *térêts généraux de la nation. En conséquence, votre* « *commission vous propose d'adopter le projet de loi sui-* « *vant* ».

Nous sommes donc autorisé à affirmer que l'esprit de la loi n'est pas plus douteux que son texte. Elle a voulu comprendre, et elle a compris, dans ses dispositions protectrices prescrivant le classement, tout objet, tant meuble qu'immeuble, présentant un intérêt national, soit historique seulement, soit artistique seulement, lorsque cet objet appartient à l'État, aux départements, aux communes ou aux établissements publics.

V

Il suffit d'indiquer maintenant les effets considérables attachés par la loi du 30 mars 1887 au classement des objets mobiliers, pour montrer toute l'importance de la démonstration qui précède.

A ce point de vue, la loi fait une distinction, qui n'a pas

été partout bien comprise, mais que la division en deux articles, adoptée par le Sénat, de dispositions primitivement réunies dans un même article, a cependant rendue saisissante.

L'article 10 s'applique aux objets mobiliers classés appartenant à l'État. Il est d'un laconisme expressif : « Les objets « classés et appartenant à l'État seront inaliénables et im- « prescriptibles ».

Voilà une mise en dehors du commerce, absolue, sans réserve. Aucun des articles suivants ne vient la restreindre. L'article 13 de la loi ne lui est pas applicable. Cet article 10 se suffit à lui-même dans l'économie de la loi. Grâce à lui, la longue durée de la possession, les circonstances qui l'ont accompagnée, la bonne foi même des détenteurs, ne peuvent prévaloir contre le droit inaliénable et imprescriptible de l'État. Ce droit ne subit aucune limite, dans le temps ni dans l'espace, sauf celles même du territoire national.

La loi a pourvu à ce qu'exigeaient la loyauté des transactions et l'intérêt des tiers, en prescrivant la publicité du classement. « Un exemplaire de la liste des objets classés, « porte l'article 9 § 3, sera déposé au ministère de l'Ins- « truction publique et des Beaux-Arts, et à la préfecture « de chaque département, où le public pourra en prendre « connaissance sans déplacement ».

Toutes les considérations d'équité sont respectées, et l'État est bien armé désormais, pour la sauvegarde des richesses historiques ou artistiques mobilières de la France, dont il a la garde, et qui forment le patrimoine des générations futures, comme de la génération présente.

Cet article 10 mérite d'être placé parmi les plus utiles et les meilleures dispositions de notre législation nationale. Elle y manquait. Elle ne laisse plus les tribunaux aux prises avec les délicates questions et les controverses relatives aux principes de la domanialité publique, à leur extension aux objets mobiliers, à l'application, soit aux édifices publics, soit aux meubles qu'ils contiennent, de l'article 538 du Code civil.

Une seule condition est mise par la loi du 30 mars 1887 à cette inaliénabilité, à cette imprescriptibilité, absolues des richesses mobilières de l'État, dont la conservation présente un intérêt historique ou artistique. Cette condition est celle de leur classement préalable par arrêté du ministre de l'Instruction publique et des Beaux-Arts, suivies du dépôt, à la disposition du public, des listes de classement, au ministère de l'Instruction publique et dans les préfectures.

En présence de telles facilités pour sauvegarder, dans le présent et l'avenir, cette partie glorieuse du trésor de la France, les ministres de l'Instruction publique et des Beaux-Arts assumeraient sans doute, ainsi que la Commission des monuments historiques, une lourde responsabilité, s'ils laissaient en dehors du classement commandé par la loi, une partie importante de ces richesses mobilières, historiques ou artistiques.

L'article 10 ne nous inspire qu'un regret : celui qu'il ne s'applique pas également aux objets mobiliers classés appartenant aux départements, communes et établissements publics. La disposition de l'article 11 les concerne et contient la distinction annoncée plus haut. Le législateur n'a pas osé leur étendre la même règle qu'aux objets mobiliers appartenant à l'État. Son respect du droit de propriété l'a fait reculer devant l'inaliénabilité absolue ; et de là découlent toutes les différences. Il se borne à décider que ces objets mobiliers « ne pourront être res- « taurés, réparés, ni aliénés, par vente, don ou échange, « qu'avec l'autorisation du ministre de l'Instruction pu- « blique et des Beaux-Arts. » Les mêmes responsabilités ci-dessus décrites pour les travaux indûment faits aux immeubles classés, sont appliquées par l'article 12 aux travaux de restauration et de réparation faits sans autorisation à des objets mobiliers classés ; et au cas d'aliénation irrégulière, l'article 13 en prononce la nullité. Cet article 13 est très précis; il déclare s'appliquer uniquement à « l'aliénation faite en vertu de l'article 11 », c'est-à-dire au cas qui nous occupe, de meubles classés appartenant aux départements, communes ou établissements publics, et vendus, échangés ou donnés, sans l'autorisation du ministre de l'Instruction publique et des Beaux-Arts. Ce sont ces aliénations irrégulières qu'il assimile aux cas de perte ou de vol, en limitant à trois années, « conformément aux dispositions des articles 2279 et 2280 du Code civil », l'action en revendication de l'établissement propriétaire, avec faculté pour le Ministre de l'exercer en son lieu et place, si l'établissement s'abstient. Cette action en revendication, contre le détenteur quel qu'il soit, ne fait pas obstacle aux demandes de « dommages-intérêts qui pourraient être ré-« clamés contre les parties contractantes et contre l'officier « public qui aurait prêté son concours à l'acte d'aliéna-« tion ».

Cette réglementation plus compliquée des conséquences légales du classement des objets mobiliers des départements, communes et établissements publics, est moins énergique que l'inaliénabilité absolue et l'imprescriptibilité indéfinie, édictées en ce qui concerne les objets mobiliers classés appartenant à l'État. Nous venons de dire les scrupules du législateur qui ont amené cette importante distinction.

Il n'en résulte pas moins, même dans ce cas, un régime de garanties, qu'il est nécessaire d'assurer par le classement ministériel et la mesure de publicité prescrite, à tous les objets mobiliers intéressant l'histoire *ou* l'art, appartenant aux départements, aux communes et aux établissements publics.

Nous allons déduire, dans les dernières parties de ce mémoire, les conséquences les plus importantes des principes que nous venons de poser.

VI

Il résulte des principes ci-dessus, que les objets mobiliers appartenant à l'État, qui doivent être classés, ne sont pas tous, malgré les merveilles qu'ils contiennent, dans les musées nationaux, ni dans le musée des Thermes et de l'hôtel de Cluny. Il en existe ailleurs, de natures très diverses et d'une incalculable valeur, surtout dans un autre grand établissement de l'État, qui, pour ne pas relever de l'administration des Beaux-Arts, n'en est pas moins une dépendance considérable du ministère de l'Instruction publique, et le dépositaire vigilant d'incontestables richesses artistiques et d'immenses trésors historiques. Chacun a nommé la Bibliothèque nationale.

Il n'est pas un seul de ses départements qui ne renferme un grand nombre d'objets rentrant dans les dispositions de la loi, et qui doivent être classés aux termes de l'article 8 de la loi du 30 mars 1887.

Cela est manifeste en ce qui concerne le cabinet des monnaies et médailles. La plupart de ces petits monuments réunissent le double intérêt de l'histoire et de l'art. Pour tous, dans une pareille collection, l'intérêt historique est sans limite.

En ce qui concerne l'antiquité, la grande *Histoire des Romains* (1) qu'il a été réservé à la France de nos jours de donner au monde, est la plus éloquente, comme la plus récente preuve, de l'importance historique des types du monnayage de la Grèce ou de Rome conservés dans le cabinet des médailles de la Bibliothèque nationale. Notre histoire nationale n'y a-t elle pas aussi ses précieux monuments d'or, d'argent ou de cuivre, dans ces collections de monnaies gauloises réunies par M. de Saulcy, de monnaies féodales et

(1) De M. Duruy.

de monnaies royales pieusement conservées et augmentées par tous les conservateurs et administrateurs de la Bibliothèque nationale, dans un intérêt historique de premier ordre? Serait-il possible de méconnaître que de telles richesses mobilières rentrent directement dans les prévisions de la loi du 30 mars 1887, comme étant de celles dont la conservation présente, toujours au point de vue de l'histoire et très souvent en outre au point de vue de l'art, un intérêt national?

Nous en disons autant du musée des médailles de l'Hôtel des Monnaies.

A la Bibliothèque nationale, ce que nous venons d'établir pour le cabinet des monnaies et médailles, n'est-il pas également vrai du cabinet des estampes?

Est-il possible davantage d'en écarter le département des manuscrits? non seulement ceux formant « la grande réserve », non seulement ceux exposés dans la salle ouverte au public deux fois par semaine, et dont la simple vue permet de constater qu'un grand nombre de manuscrits de la Bibliothèque nationale sont à la fois des monuments de l'art et des monuments de l'histoire. Comment méconnaître que la législation nouvelle leur est applicable? Mais nous avons démontré que cette réunion des deux intérêts historique et artistique n'est pas nécessaire, et que le classement doit comprendre même les objets mobiliers qui ne présentent qu'un notable intérêt historique. Or, n'est-ce pas le propre de l'ensemble des manuscrits de la Bibliothèque nationale? Leur conservation n'a-t-elle pas pour l'histoire un grand intérêt national? Il suffirait, pour apprécier son étendue, de se rappeler le sentiment général d'angoisse et d'indignation qui s'est emparé de l'opinion publique, lors de la révélation de méfaits accomplis au détriment de nos manuscrits, et le sentiment de soulagement et de gratitude qui s'est produit à la nouvelle des réparations partielles obtenues par la science unie au dévouement le plus absolu.

Le même sentiment public répondrait encore aujourd'hui que le gouvernement doit profiter de la loi votée par le Parlement, pour assurer de la façon la plus complète la conservation des manuscrits qui appartiennent à l'État.

L'application de la loi est d'autant plus facile pour eux que les catalogues sont faits. Il suffit que l'arrêté de classement les fasse siens en quelques lignes, et ordonne le dépôt des volumes qui contiennent ces catalogues au Ministère de l'Instruction publique et dans les préfectures.

Le département des imprimés devra-t-il seul rester en dehors de cette application de la loi du 30 mars 1887 ? Sans doute la plupart des volumes qu'il contient ne rentrent pas dans les prévisions de la loi, en ce sens qu'on ne peut dire, même des plus remarquables ouvrages, que leur conservation, dans le sens de la loi, présente un intérêt national, au point de vue de l'histoire ou de l'art, s'ils sont dans le commerce et s'il ne s'agit pas d'édition rare épuisée. Mais pour beaucoup, il en est autrement; tels sont ceux qui font partie des « réserves »; d'autres encore pourraient y être ajoutés. Ces réserves ont aussi leur catalogue et pourraient être immédiatement, sauf complément ultérieur, comprises dans le classement, par le même procédé facile, indiqué pour l'ensemble des manuscrits appartenant à l'État.

Il nous a paru d'autant plus utile d'insister sur ces conséquences légales du texte et de l'esprit de la loi du 30 mars 1887, que nous avons été frappé, en outre de la formule restrictive de l'article 1er du second décret du 3 janvier 1889, par une autre circonstance de nature à faire redouter une application plus restreinte de la loi.

L'article 15 de la loi dispose que « les décisions prises « par le ministre de l'Instruction publique et des Beaux-« Arts, en exécution de la présente loi, seront rendues après « avis de la Commission des monuments historiques. » L'article 21 du règlement d'administration publique ajoute avec raison que « l'organisation de la Commission des

« monuments historiques et le mode de nomination de ses
« membres sont réglés par décret ». C'est en conséquence
de ces prescriptions que le second décret du 3 janvier 1889,
inséré au *Journal officiel* du 8 janvier, à la suite du règlement d'administration publique, a réorganisé la Commission
des monuments historiques. Elle reste placée, d'après l'article 2, sous la présidence du ministre de l'Instruction publique et des Beaux-Arts. L'article 3 en divise les membres
en *membres de droit* et *membres nommés* par le Ministre,
et l'article 4 désigne les membres de droit.

Or, à la vue de cette liste des membres de droit, on est
surpris, non par la présence d'aucun des hauts fonctionnaires qui s'y trouvent, mais par l'absence de ceux qui n'y
figurent pas, et dont la place *de droit* n'y est pas moins
marquée par une exacte interprétation de la loi.

Dans cette liste du second décret, à la suite du Directeur
des Beaux-Arts, qui est même nommé premier vice-président
de droit, aux termes de l'article 2, du Directeur des bâtiments civils et palais nationaux, et du Directeur des cultes,
nous voyons bien figurer le Directeur des musées nationaux, le Directeur du musée des Thermes et de Cluny, et le
Conservateur du musée de sculpture comparée, qui sont
des représentants directs de l'intérêt national de la conservation des objets mobiliers historiques ou artistiques. Mais
il y a un autre haut fonctionnaire, que ces fonctions seules
désigneraient également, et que nous ne voyons pas figurer
sur cette liste. C'est ce qui nous inquiète, comme une me-
nace d'une interprétation restrictive de la loi et d'un danger
de non application aux richesses dont nous venons de
parler. Pourquoi, en effet, l'Administrateur général de la
Bibliothèque nationale ne figure-t-il pas parmi les membres
de droit de la Commission des monuments historiques réor-
ganisée suivant l'esprit de la loi nouvelle? Pourquoi aussi
l'absence du Directeur de tout ce grand service des Bibliothèques publiques au ministère de l'Instruction publique?

Peut-être les auteurs de ce décret se proposaient-ils de comprendre ces hauts fonctionnaires et d'autres représentants des richesses historiques mobilières, même non artistiques, parmi les membres à nommer, par arrêté ministériel, aux termes de l'article 5. Mais ce n'est pas certain ; et dans tous les cas ce n'est pas la même chose. Nous ne nous permettrions pas de soulever une question de nomination, des questions de personnes. Mais il s'agit d'une question de principe qui tient à la portée même de la loi ; et à ce point de vue, comme jurisconsulte recherchant l'interprétation et l'exacte application de la loi, nous avons le droit de penser que la place de l'Administrateur général de la Bibliothèque nationale et d'autres fonctionnaires, omis par l'article 4 de ce décret, est marquée, par l'esprit de la législation nouvelle, parmi les membres *de droit* de la Commission des monuments historiques.

Le rapport de M. Bardoux consigne (page 29) une observation qui montre l'importance attachée à la composition de la Commission des monuments historiques au sein de la Commission du Sénat.

En relevant ces dispositions ou ces lacunes dans les décrets du 3 janvier 1889, nous avons craint d'y voir, notamment dans le second de ces décrets, les indices d'une tendance à restreindre l'application de la loi du 30 mars 1887, en ce qui concerne les objets mobiliers. Nous avons cru remplir un devoir en montrant que l'exclusion de son cercle d'application, des richesses contenues dans ce grand établissement national, et d'une manière générale, dans les bibliothèques de l'État, ne serait conforme ni au texte, ni à l'esprit de cette loi.

Nous ajoutons qu'elle serait des plus regrettables.

Ne pas comprendre dans le classement des objets *mobiliers* appartenant à l'État, ces richesses si nombreuses présentant un intérêt national au point de vue de l'histoire ou de l'art, serait les priver du bénéfice des dispositions énergiques et salutaires de l'article 10.

Nous croyons que ce serait peut-être manquer de prudence, que de considérer cette précaution comme inutile, en raison des avantages qui résultent pour la Biblothèque nationale de décisions judiciaires antérieures.

Sans doute, les gardiens vigilants, les zélés défenseurs de ses richesses, ont obtenu, M. Naudet, deux arrêts de la Cour de Paris, en 1846, pour un autographe de Molière (1), et, en 1851, pour un autographe de Montaigne (2) ; M. Léopold Delisle, pour un manuscrit détourné, avant même qu'il soit parvenu à la Bibliothèque nationale, un jugement du tribunal de la Seine du 22 décembre 1875 (3). Sans doute, ces décisions judiciaires posent en principe que « les ou- « vrages, manuscrits, plans, autographes et autres objets « précieux, faisant partie de la Bibliothèque nationale, « sont inaliénables et imprescriptibles, comme appartenant « au domaine public ».

Mais, dans les deux affaires jugées par la Cour de Paris, le Tribunal de la Seine avait en première instance débouté M. Naudet de ses demandes. Le second arrêt fut rendu en outre contrairement aux conclusions du Ministère public. La Cour de cassation n'a pas eu l'occasion de se prononcer sur cette jurisprudence ; et les plus graves autorités font remarquer qu'elle « n'invoque aucun texte (4) ».

Or la loi nouvelle vient apporter ce texte dans son article 10. Comment n'en pas profiter, non seulement pour la Bibliothèque nationale, mais aussi pour toutes les biblio-

---

(1) 3 janvier 1846, *Naudet C. Charron* (Dalloz 1846, 2, 212 ; Sirey, 1847, 2, 77).

(2) 18 août 1851, *Naudet C. Feuillet de Conches* (Sirey, 1851, 2, 475).

(3) *Léopold Delisle C. Bachelin-Deflorenne et Grandjean ;* rapporté pages 124 et 126 du Mémoire de M. Léopold Delisle au Ministre de l'instruction publique sur les Manuscrits du comte d'Ashburnam, provenant des fonds Libri et Barrois.

(4) M. Léon Aucoc, *Conférences*, 3e édition, tome II, n° 494, page 132 *note ;* voir aussi Batbie, tome V, 2e édition, page 317, *note.*

thèques de l'État, les bibliothèques Mazarine, Sainte-Gene-
viève, de l'Arsenal, etc., en ce qui concerne leurs manuscrits et autres objets présentant un intérêt historique ou
artistique. Grâce à leurs catalogues, leur classement et sa
publicité sont faciles ; et leur conservation trouvera dans
la loi nouvelle, la base légale, dont l'existence, d'après le
sentiment de bien des jurisconsultes, serait douteuse
aujourd'hui.

Il n'est pas besoin du reste de renoncer au bénéfice de
cette jurisprudence pour profiter de la loi nouvelle. L'administration ne peut l'abandonner. Elle ne l'abandonnera pas,
parce qu'elle classera légalement, conformément à la loi de
1887, tous les objets mobiliers présentant au point de vue
de l'histoire un intérêt national. Ce qui le prouve, c'est que
la loi du 30 mars s'applique aussi aux objets mobiliers des
églises dont la conservation présente un intérêt historique
ou artistique. Ces objets ont aussi leur jurisprudence (1) ;
elle possède même une base plus sûre dans la domanialité
publique des églises où ils sont placés, domanialité résultant
d'une législation spéciale, consacrée par de nombreux
arrêts de la Cour de cassation et une doctrine presque
unanime. Or M. Bardoux, (à la page 26 de son rapport au
Sénat), s'exprime ainsi : « La jurisprudence créée par la
« Cour de Paris, dans l'affaire de l'église des Carrières-de-
« Saint-Denis, et par la Cour de Lyon dans l'affaire de
« l'église de Nantua, n'est pas touchée ». Néanmoins, la loi
nouvelle s'applique aux trésors des églises.

Sans toucher davantage à la jurisprudence relative aux

_____

(1) Paris, 10 avril 1848 (retable ancien, vendu par la fabrique de
l'église des Carrières-de-Saint-Denis) ; — Lyon, 19 déc. 1873 (tableau
d'Eugène Delacroix, *le Martyre de saint Sébastien,* vendu par la fabrique
de l'église de Nantua ; Dalloz, 1876, 2, p. 89) ; — Paris, 12 juillet 1879
(vente des tapisseries de l'église de Saint-Gervais-Saint-Protais) ; —
Paris, 13 mars 1880 (Dalloz, 1880, 2, pp. 97 à 102, avec observations
critiques de ces décisions).

bibliothèques de l'État, cette loi doit leur être appliquée, puisque ses termes ne distinguent pas entre les intérêts également sacrés de l'histoire ou de l'art.

Il convient, du reste, de remarquer que si la formule d'un domaine public mobilier, était en harmonie avec les dispositions du Code civil, en ce qui concerne les richesses de la Bibliothèque nationale, elle ne saurait l'être moins en ce qui concerne les richesses de nos musées. Un jugement du Tribunal de la Seine du 2 mai 1877 (1) l'a même étendue à des statues acquises par l'État après l'exposition annuelle des beaux-arts, et que le propriétaire avait assez naturellement saisies dans l'atelier de l'artiste, comme garantie de termes de loyers échus. Si donc ces jurisprudences, sûres ou fragiles, n'empêchent d'appliquer la loi du 30 mars 1887, ni aux merveilles de nos musées, ni aux trésors des églises, pourquoi en serait-il autrement en ce qui concerne les richesses historiques de nos bibliothèques ?

Serait-ce parce qu'elles sont en dehors des services administratifs compris dans la direction générale des Beaux-Arts ? Mais nous avons démontré que la portée de la loi nouvelle dépasse de beaucoup les limites d'attributions de l'administration des Beaux-Arts ; qu'il n'est pas nécessaire pour qu'un objet mobilier soit classé qu'il constitue un objet d'art ; que cette loi, dans ses dispositions géminées, nettes, précises, formelles, a voulu protéger l'intérêt national de l'histoire, à l'égal de l'intérêt national de l'art, et alors même que l'un existe sans l'autre.

Ce double objet de la législation nouvelle lui imprime un

---

(1) Nous ne mentionnons pas ici un arrêt de la Cour de cassation, Chambre civile, du 10 août 1841, *Cousin* C. la *Liste civile et héritiers de Maillé* (Dalloz, 1841, 1, 332 ; Sirey, 1841, 1, 742), parce qu'il se borne à appliquer à un tableau détaché du musée du Louvre le principe d'inaliénabilité et d'imprescriptibilité formellement écrit dans toutes les lois spéciales au domaine de la Couronne (Senatus-consulte du 30 janvier 1810 ; loi du 8 novembre 1814 ; loi du 2 mars 1832, art. 8).

caractère particulier de haute utilité et d'incontestable grandeur. Mais elle n'est telle que parce qu'elle est faite pour tous les services publics, sans distinction, investis de la garde ou de la surveillance de ces richesses diverses. Ils sont tous également conviés par la loi à rivaliser de zèle pour son application, parce que toutes les richesses historiques ou artistiques dont ils ont la charge, sont également appelées à bénéficier de ses dispositions protectrices.

De cette interprétation exacte de la loi, et de ses conséquences, il résulte, qu'alors même que la *direction des Beaux-Arts* viendrait à lui être enlevée (comme il est arrivé plus d'une fois), le Ministre de l'Instruction publique, qui, en outre des Beaux-Arts, a dans ses attributions l'Archéologie et les Bibliothèques, qui est le plus qualifié pour représenter les intérêts de l'histoire, devrait, quoiqu'il arrive, garder la présidence de la Commission des monuments historiques. Donc aussi, comme nous le démontrons, plusieurs des hauts fonctionnaires de ce ministère, en dehors du service des Beaux-Arts, doivent en être membres *de droit;* et cette même notion doit exercer son influence sur la composition de la commission dans son ensemble.

VII

Par application des mêmes principes, nous pensons aussi que les bibliothèques publiques des départements ne doivent pas être plus exclues que celles de l'État de l'application de la loi nouvelle, et que l'inspection générale des bibliothèques a également sa raison d'être dans la nouvelle Commission des monuments historiques.

Il y a du reste une distinction à faire parmi les objets mobiliers dont la conservation présente un intérêt national au point de vue de l'histoire ou de l'art, et qui figurent dans les bibliothèques et les musées des villes, et dans les églises.

Les uns, propriétés des communes ou des fabriques, seraient soumis, en raison de leur classement, au régime des articles 11 et 13 de la loi, ci-dessus décrits.

Mais un grand nombre d'autres objets proviennent au contraire d'acquisitions ou de fonds de l'État ; les villes ou églises n'en sont qu'usufruitières, sans avoir le droit d'en disposer. L'État en conserve la nue-propriété. D'où suit que ces objets, bien que se trouvant entre les mains des villes ou des fabriques, pourraient, s'ils étaient compris dans le classement prescrit par l'article 8 de la loi, bénéficier de la disposition plus favorable de l'article 10, relative aux objets mobiliers appartenant à l'État. Les communes ou fabriques n'en seraient point troublées dans leur jouissance ; elles ne sauraient y perdre le droit d'aliéner ces objets, puisqu'elles n'ont point ce droit, et elles profiteraient de dispositions plus efficaces pour assurer leur conservation.

La longue et intéressante histoire de la formation des bibliothèques publiques des départements a été savamment écrite (1) et elle justifie ces bases de classement. Les développements successifs provenant du Dépôt légal, si bien connu de l'Académie (2), les confirment. Chacun y gagnerait, l'État, les communes et les établissements publics, ainsi que l'intérêt de la conservation des objets classés.

Ce principe serait d'une application particulièrement précieuse en ce qui concerne les manuscrits des bibliothèques publiques des départements. De nombreux catalogues en sont publiés (3) ; leur classement et leur dépôt légal en vue de la publicité présentent autant de facilité que pour les catalogues des manuscrits de la Bibliothèque nationale.

(I) *Traité de l'administration des bibliothèques publiques,* par M. Richou, p. 424 à 438.

(2) M. Picot, *(Compte rendu des séances et travaux de l'Académie des sciences morales et politiques)* ; M. Richou, p. 100 à 112.

(3) M. Richou, p. 343 à 345.

En étendant les mêmes principes aux établissements publics, on arriverait à cet heureux résultat d'appliquer, soit la protection de l'article 10, soit celle des articles 11 et 13, à tous les objets mobiliers appartenant à l'État, aux départements, aux communes et aux établissements publics, dont la conservation, soit au point de vue de l'histoire, soit au point de vue de l'art, présente un intérêt national. Tel est le but de la loi du 30 mars 1887. Telles sont ses prescriptions formelles. Elle fait, dans toutes ses parties, beaucoup d'honneur aux pouvoirs publics qui l'ont préparée et votée. Ce sera aussi l'honneur de l'administration et du gouvernement de l'appliquer dans toute son étendue, et, par l'accomplissement entier, sans restriction et sans réserve, de leur mission de défense des monuments de l'histoire ou de l'art, de partager, avec les auteurs de la loi, la gratitude de la postérité.

ANNEXES

I

Loi du 30 Mars 1887, relative a la conservation des monuments et objets d'art ayant un intérêt historique et artistique (*Journal officiel du 31 Mars* ; Bull., n° 17739).

Chap. Ier. — *Immeubles et monuments historiques ou mégalithiques.*

Art. 1er. — Les immeubles par nature ou par destination dont la conservation peut avoir, au point de vue de l'histoire ou de l'art, un intérêt national, seront classés en totalité ou en partie par les soins du ministre de l'Instruction publique et des Beaux-Arts.

Art. 2. — L'immeuble appartenant à l'État sera classé par arrêté du ministre de l'Instruction publique et des Beaux-Arts, en cas d'accord avec le ministre dans les attributions duquel l'immeuble se trouve placé. Dans le cas contraire, le classement sera prononcé par un décret rendu en la forme des règlements d'administration publique.

L'immeuble appartenant à un département, à une commune, à une fabrique ou à tout autre établissement public, sera classé par un arrêté du ministre de l'Instruction publique et des Beaux-Arts, s'il y a consentement de l'établissement propriétaire et avis conforme du ministre sous l'autorité duquel l'établissement est placé. En cas de désaccord, le classement sera prononcé par un décret rendu en la forme des règlements d'administration publique.

Art. 3. — L'immeuble appartenant à un particulier sera classé par arrêté du ministre de l'Instruction public et des Beaux-Arts, mais ne pourra l'être qu'avec le consentement du propriétaire. L'arrêté déterminera les conditions du classement.

S'il y a contestation sur l'interprétation et sur l'exécution de cet acte, il sera statué par le ministre de l'Instruction publique et des Beaux-Arts, sauf recours au conseil d'État statuant au contentieux.

Art. 4. — L'immeuble classé ne pourra être détruit, même en partie, ni être l'objet d'un travail de restauration, de réparation ou de modification quelconque, si le ministre de l'Instruction publique et des Beaux-Arts n'y a donné son consentement.

L'expropriation pour cause d'utilité publique d'un immeuble classé ne pourra être poursuivie qu'après que le ministre de l'Instruction publique et des Beaux-Arts aura été appelé à présenter ses observations.

Les servitudes d'alignement et autres qui pourraient causer la dégradation des monuments ne sont pas applicables aux immeubles classés.

Les effets du classement suivront l'immeuble classé, en quelques mains qu'il passe.

Art. 5. — Le ministre de l'Instruction publique et des Beaux-Arts pourra, en se conformant aux prescriptions de la loi du 3 mai 1841, poursuivre l'expropriation des monuments classés, ou qui seraient de sa part l'objet d'une proposition de classement refusée par le particulier propriétaire.

Il pourra, dans les mêmes conditions, poursuivre l'expropriation des monuments mégalithiques ainsi que celle des terrains sur lesquels ces monuments sont placés.

Art. 6. — Le déclassement, total ou partiel, pourra être demandé par le ministre dans les attributions duquel se trouve l'immeuble classé, par le département, la commune, la fabrique, l'établissement public et le particulier propriétaire de l'immeuble.

Le déclassement aura lieu dans les mêmes formes et sous les mêmes distinctions que le classement.

Toutefois, en cas d'aliénation consentie à un particulier de l'immeuble classé appartenant à un département, à une commune, à une fabrique, ou à tout autre établissement public, le déclassement ne pourra avoir lieu que conformément au paragraphe 2 de l'article 2.

Art. 7. — Les dispositions de la présente loi sont applicables aux monuments historiques régulièrement classés avant sa promulgation.

Toutefois, lorsque l'État n'aura fait aucune dépense pour un monument appartenant à un particulier, ce monument sera déclassé de droit dans le délai de six mois après la réclamation que le propriétaire pourra adresser au ministre de l'Instruction publique et des Beaux-Arts, pendant l'année qui suivra la promulgation de la présente loi.

CHAP. II. — *Objets mobiliers.*

Art. 8. — Il sera fait, par les soins du ministre de l'Instruction publique et des Beaux-Arts, un classement des objets mobiliers appartenant à l'État, aux départements, aux communes, aux fabriques et autres établissements publics, dont la conservation présente, au point de vue de l'histoire ou de l'art, un intérêt national.

Art. 9. — Le classement deviendra définitif si le département, les communes, les fabriques et autres établissements publics n'ont pas réclamé, dans le délai de six mois, à dater de la notification qui leur en sera faite. En cas de réclamation, il sera statué par décret rendu en la forme des règlements d'administration publique.

Le déclassement, s'il y a lieu, sera prononcé par le ministre de l'Instruction publique et des Beaux-Arts. En cas de contestation, il sera statué comme il vient d'être dit ci-dessus.

Un exemplaire de la liste des objets classés sera déposé au ministère de l'Instruction publique et des Beaux-Arts et à la préfecture de chaque département, où le public pourra en prendre connaissance sans déplacement.

Art. 10. — Les objets classés et appartenant à l'État seront inaliénables et imprescriptibles.

Art. 11. — Les objets classés appartenant aux départements, aux communes, aux fabriques ou autres établissements publics, ne pourront être restaurés, réparés, ni aliénés par vente, don ou échange, qu'avec l'autorisation du ministre de l'Instruction publique et des Beaux-Arts.

Art. 12. — Les travaux, de quelque nature qu'ils soient, exécutés en violation des articles qui précèdent, donneront lieu, au profit de l'État, à une action en dommages-intérêts contre ceux qui les auraient ordonnés ou fait exécuter.

Les infractions seront constatées et les actions intentées et suivies devant les tribunaux civils ou correctionnels, à la diligence du ministre de l'Instruction publique et des Beaux-Arts ou des parties intéressées.

Art. 13. — L'aliénation faite en violation de l'article 11 sera nulle, et la nullité en sera poursuivie par le propriétaire vendeur ou par le ministre de l'Instruction publique et des Beaux-Arts, sans préjudice des dommages-intérêts qui pourraient être réclamés contre les parties contractantes et contre l'officier public qui aura prêté son concours à l'acte d'aliénation.

Les objets classés qui auraient été aliénés irrégulièrement, perdus ou volés, pourront être revendiqués pendant trois ans, conformément aux dispositions des articles 2279 et 2280 du Code civil. La revendication pourra être exercée par les propriétaires et, à leur défaut, par le ministre de l'Instruction publique et des Beaux-Arts.

CHAP. III. — *Fouilles.*

Art. 14. — Lorsque, par suite de fouilles, de travaux ou d'un fait quelconque, on aura découvert des monuments, des ruines, des inscriptions ou des objets pouvant intéresser l'archéologie, l'histoire ou l'art, sur des terrains apartenant à l'État, à un département, à une commune, à une fabrique ou autre établissement public, le maire de la commune devra assurer la conservation provisoire des objets découverts, et aviser immédiatement le préfet du département des mesures qui auront été prises.

Le préfet en référera, dans le plus bref délai, au ministre de l'Instruction publique et des Beaux-Arts, qui statuera sur les mesures définitives à prendre.

Si la découverte a eu lieu sur le terrain d'un particulier, le maire en avisera le préfet. Sur le rapport du préfet, et après avis de la commission des monuments historiques, le ministre de l'Instruction publique et des Beaux-Arts pourra poursuivre l'expropriation dudit terrain en tout ou en partie pour cause d'utilité publique, suivant les formes de la loi du 3 mai 1841.

Art. 15. — Les décisions prises par le ministre de l'Instruction publique et des Beaux-Arts, en exécution de la présente loi, seront rendues après avis de la commission des monuments historiques.

CHAP. IV. — *Dispositions spéciales à l'Algérie et aux pays de protectorat.*

Art. 16. — La présente loi est applicable à l'Algérie.

Dans cette partie de la France, la propriété des objets d'art ou d'archéologie, édifices, mosaïques, bas-reliefs, statues, médailles, vases, colonnes, inscriptions, qui pourraient exister, sur et dans le sol des immeubles appartenant à l'État ou concédés par lui à des établissements publics ou à des particuliers, sur et dans les terrains militaires, est réservée à l'État.

Art. 17. — Les mêmes mesures seront étendues à tous les pays placés sous le protectorat de la France et dans lesquels il n'existe pas déjà une législation spéciale.

Disposition transitoire.

Art. 18. — Un règlement d'administration publique déterminera les détails d'application de la présente loi.

RAPPORT AU PRÉSIDENT DE LA RÉPUBLIQUE FRANÇAISE PAR LE MINISTRE DE L'INSTRUCTION PUBLIQUE ET DES BEAUX-ARTS (*Journal officiel du 8 janvier 1889*).

Paris, le 3 janvier 1889.

Monsieur le Président,

La loi du 30 mars 1887, relative à la conservation des monuments et objets ayant un intérêt historique et artistique, dispose qu'un règlement d'administration publique déterminera les détails d'application de cette loi.

J'ai, en vue de l'exécution de cette disposition, invité la commission des monuments historiques à formuler les mesures de réglementation qui lui paraissaient devoir être ici appliquées, et j'ai renvoyé ce premier projet à l'examen du conseil d'État, qui m'a proposé d'y apporter certaines modifications.

En tenant compte de ces dernières, j'ai arrêté le texte définitif du projet de décret ci-joint, que j'ai l'honneur de soumettre à votre signature.

Je vous prie d'agréer, Monsieur le Président, l'hommage de mon profond respect.

Le Ministre de l'Instruction publique et des Beaux-Arts,

E. LOCKROY.

DÉCRET PORTANT RÈGLEMENT D'ADMINISTRATION PUBLIQUE, POUR L'EXÉCUTION DE LA LOI DU 30 MARS 1887, RELATIVE A LA CONSERVATION DES MONUMENTS ET OBJETS AYANT UN INTÉRÊT HISTORIQUE ET ARTISTIQUE. (*Journal officiel du 8 mars 1889*).

Le Président de la République française,

Sur le rapport du ministre de l'Instruction publique et des Beaux-Arts,

Vu la loi du 30 mars 1887, relative à la conservation des monuments et objets ayant un intérêt historique et artistique, notamment l'article 18 ainsi conçu : « Un règlement d'administration publique déterminera les détails d'application de la présente loi » ;

Le conseil d'État entendu,

Décrète ;

Art. 1er. — Le classement, en totalité ou en partie, des immeubles par nature ou par destination dont la conservation peut avoir, au point de vue de l'histoire ou de l'art, un intérêt national, est prononcé par arrêté spécial du ministre de l'Instruction publique et des Beaux-Arts.

L'arrêté détermine les parties de l'immeuble auxquelles le classement s'applique. Il vise l'avis de la commission des monuments historiques et, s'il y a lieu, ceux du ministre intéressé et des représentants légaux de l'établissement public propriétaire.

Art. 2. — Si l'immeuble appartient à l'État, l'initiative du classement est prise soit par le ministre dans les attributions duquel cet immeuble se trouve placé, soit par le ministre de l'Instruction publique et des Beaux-Arts.

En cas de désaccord, le ministre de l'Instruction publique et des Beaux-Arts, transmet au conseil d'État, avec les observations de son collègue, le projet de décret prévu par l'article 2 de la loi du 30 mars 1887 et l'avis de la commission des monuments historiques et les observations de son collègue.

Art. 3. — Les demandes de classement des immeubles appartenant à des établissements publics sont formées :

1° Si l'immeuble appartient à un département, par le préfet avec l'autorisation du conseil général ;

2° S'il appartient à une commune, par le maire avec l'autorisation du conseil municipal ;

3° S'il appartient à une fabrique, par le trésorier du conseil de fabrique avec l'autorisation de ce conseil ;

4° S'il appartient à tout autre établissement public, par les représentants légaux de l'établissement.

A défaut de ces demandes, le consentement du département, de la commune, de la fabrique ou de l'établissement public est provoqué, sur l'initiative du ministre de l'Instruction publique et des Beaux-Arts, par le ministre sous l'autorité duquel l'établissement est placé.

Dans le cas où l'immeuble a fait l'objet d'une affectation, l'affectataire doit être consulté.

Art. 4. — Si l'établissement public n'a pas donné son consentement, ou si l'avis du ministre sous l'autorité duquel l'immeuble est placé n'est pas favorable, le ministre de l'Instruction publique et des Beaux-Arts transmet au conseil d'État, avec le projet de décret et l'avis de la commission des monuments historiques, les observations des administrations ou établissements intéressés et celles de son collègue.

Art. 5. — Le classement de l'immeuble appartenant à un particulier ne peut être prononcé qu'après que le propriétaire en a adressé la demande au ministre de l'Instruction publique et des Beaux-Arts, ou qu'il a donné son consentement par écrit.

L'arrêté qui prononce le classement en détermine les conditions et mentionne l'acceptation de ces conditions par le propriétaire.

Art. 6. — Toutes demandes de classement adressées au ministre doivent être accompagnées, entre autres pièces, des documents graphiques représentant l'ensemble ou les détails intéressants du monument dont le classement est demandé et, autant que possible, des photographies de ce monument.

Art. 7. — Lorsque l'accord s'établit entre le ministre de l'Instruction publique et des Beaux-Arts et l'établissement ou le particulier propriétaire de l'immeuble, l'arrêté du ministre doit intervenir dans les six mois, à dater du jour de cet accord.

A défaut d'arrêté dans ce délai, le projet de classement est considéré comme abandonné.

Art. 8. — Le classement d'un immeuble n'implique pas nécessairement la participation de l'État aux travaux de restauration ou de réparation.

Dans le cas où une partie de ces dépenses est mises à sa charge, l'importance de son concours est fixée en tenant compte de l'intérêt de l'édifice, de son état actuel et des sacrifices consentis par le département, la commune, l'établissement public ou le particulier propriétaire du monument.

Art. 9. — Le classement d'un immeuble et l'exécution par l'État de travaux de restauration ou de réparation n'impliquent pas la participation de l'État dans les charges des travaux d'entretien proprement dits.

Art. 10. — Tous projets de travaux concernant un monument classé sont adressés ou communiqués au ministre de l'Instruction publique et des Beaux-Arts.

Si le projet comporte une demande d'allocation sur le crédit affecté aux monuments historiques, il est accompagné de pièces établissant : 1° la situation financière du département, de la commune ou de l'établissement public qui sollicite la subvention ; 2° le montant des sacrifices consentis soit par l'établissement, soit par le particulier propriétaire, et celui des allocations de toute nature qui pourraient concourir à la dépense.

Art. 11. — Sont compris parmi les travaux dont les projets doivent être soumis à l'approbation du ministre : les peintures murales, la restauration des peintures anciennes, l'exécution des vitraux neufs et la restauration de vitraux anciens, les travaux qui ont pour objet d'agrandir, dégager, isoler et protéger un monument classé, et aussi les travaux tels qu'installation de chauffage, d'éclairage, de distribution d'eau et autres qui pourraient soit modifier une partie quelconque du monument, soit en compromettre la conservation.

Est également comprise parmi ces travaux la construction de bâtiments annexes à élever contre un monument classé.

Aucun objet mobilier ne peut être placé à perpétuelle demeure dans un monument classé sans l'autorisation du ministre de l'Instruction publique et des Beaux-Arts.

Art. 12. — Les immeubles qui seraient l'objet d'une proposition de classement en cours d'instruction ne pourront être détruits, restaurés ou réparés sans le consentement du ministre de l'Instruction publique et des Beaux-Arts, jusqu'à ce que la décision ministérielle soit intervenue, si ce n'est après un délai de trois mois à dater du jour où la proposition aura été régulièrement portée à la connaissance de l'établissement public ou du particulier propriétaire.

Art. 13. — Si, après le classement d'un monument appartenant à un particulier, et en dehors des conditions prévues par l'article 3 de la loi, l'État accorde une subvention pour la conservation ou la restauration de ce monument, l'arrêté ministériel qui alloue la subvention détermine les conditions particulières qui peuvent être imposées au propriétaire, et mentionne le consentement écrit de celui-ci.

Art. 14. — Sont considérés comme régulièrement classés avant la promulgation de la loi :

1° Les monuments classés avec le consentement de ceux auxquels ils appartenaient ou dans les attributions desquels ils se trouvaient placés ;

2° Les monuments qui auraient été classés d'office par le ministre de l'Instruction publique et des Beaux-Arts et dont le classement, après avoir été porté à la connaissance des intéressés, n'aura été l'objet d'aucune protestation dans le délai de trois mois ;

3° Les monuments classés pour lesquels l'État aurait fait une dépense quelconque sur le crédit affecté aux monuments historiques.

Art. 15. — Le délai d'un an, accordé aux particuliers par l'article 7 de la loi pour réclamer le déclassement des monuments pour lesquels l'État n'a fait aucune dépense, ne commence à courir qu'à dater de la notification faite au propriétaire, si elle est postérieure à la promulgation de la loi.

Six mois après la réclamation, le monument est déclassé de droit, sans qu'aucune formalité soit nécessaire.

Art. 16. — Les articles 6, 8 et 10 du présent règlement sont applicables aux objets mobiliers appartenant à l'État, aux départements, aux communes, aux fabriques et aux établissements publics, dont la conservation présente, au point de vue de l'histoire et de l'art, un intérêt national.

Art. 17. — Le classement des objets mobiliers prescrits par l'article 8 de la loi est fait par le ministre de l'Instruction publique et des Beaux-Arts, soit d'office, soit sur la demande du ministre dans les attributions duquel est placé le service auquel ces objets sont affectés, soit sur celle des représentants légaux de l'établissement propriétaire.

Art. 18. — Le classement de ces objets est notifié : si les objets classés appartiennent à l'État, au ministre dans les attributions duquel est placé le service auquel ils sont affectés ; s'ils appartiennent à un établissement public, aux représentants légaux de cet établissement et au ministre dans les attributions duquel il est placé.

En ce qui concerne les départements et les communes, le délai de six mois dans lequel la réclamation peut être faite ne court que du dernier jour de la session ordinaire ou extraordinaire dans laquelle cette notification aura été portée à la connaissance du conseil général ou du conseil municipal.

Art. 19. — A défaut de réclamation de la part de l'établissement public, le ministre dans les attributions duquel cet établissement est placé peut réclamer d'office contre le classement ou le déclassement.

Dans tous les cas où il doit être statué par décret rendu en la forme des règlements d'administration publique, le ministre de l'Instruction publique et des Beaux-Arts transmet au conseil d'État, avec l'arrêté attaqué et l'avis de la commission des monuments historiques sur la réclamation, les observations du ministre intéressé et, s'il y a lieu, celles de l'établissement public.

Art. 20. — L'action civile ouverte au profit de l'État par l'article 12 de la loi devant les tribunaux civils, ou devant les tribunaux correctionnels si l'infraction est accompagnée d'un délit de droit commun, contre les personnes qui auront contrevenu aux dispositions des articles 4 et 10 de ladite loi, ainsi que celle qui appartient au propriétaire, est, en ce qui concerne les établissements publics, intentée et suivie à la diligence, soit du ministre de l'Instruction publique et des Beaux-Arts, soit des représentants légaux de l'établissement.

Art. 21. — L'organisation de la commission des monuments historiques et le mode de nomination de ses membres sont réglés par décret.

Art. 22. — Le ministre de l'Instruction publique et des Beaux-Arts est chargé de l'exécution du présent décret, qui sera inséré au *Journal officiel* et au *Bulletin des lois*.

Fait à Paris, le 3 janvier 1889.

DÉCRET FIXANT L'ORGANISATION DE LA COMMISSION DES MONUMENTS HISTORIQUES ET LE MODE DE NOMINATION DE SES MEMBRES (*Journal officiel du 8 janvier 1889*) :

Le Président de la République française,

Sur le rapport du ministre de l'Instruction publique et des Beaux-Arts ;

Vu l'article 21 du décret du 3 janvier 1889 portant règlement d'administration publique pour l'exécution de la loi du 30 mars 1887, relative à la conservation des monuments et objets ayant un intérêt historique et artistique,

Décrète :

Art. 1er. La commission des monuments historiques, instituée près le ministère de l'Instruction publique et des Beaux-Arts, a pour mission d'établir la liste des monuments et objets ayant un intérêt historique et artistique, de désigner ceux qu'il convient de restaurer, d'examiner les projets présentés pour leur restauration, de proposer au ministre la répartition des crédits ouverts pour la conservation des monuments classés. — Art. 2. Le ministre de l'Instruction publique et des Beaux-Arts est président de la commission des monuments historiques. Le directeur des Beaux-Arts est premier vice-président de droit. Un deuxième vice-président est désigné par le ministre. En l'absence du président et du vice-président, le doyen d'âge des membres présents remplit les fonctions de président. — Art. 3. La commission des monuments historiques est composée de membres de droit et de membres à la nomination du ministre de l'Instruction publique et des Beaux-Arts. — Art. 4. Sont membres de droit : Le directeur des Beaux-Arts ; Le directeur des bâtiments civils et palais nationaux ; Le directeur des cultes ; Le directeur des musées nationaux ; Le préfet de la Seine ; Le préfet de police ; Les inspecteurs généraux des monuments historiques ; Le contrôleur des travaux des monuments historiques ; Le directeur du musée des Thermes et de l'hôtel de Cluny ; Le conservateur du musée de sculpture comparée. — Art. 5. Les membres à la nomination du ministre de l'Instruction publique et des Beaux-Arts sont nommés par arrêté ministériel. Lorsqu'une vacance se produit, la commission est invitée à présenter au ministre une liste de trois candidats. — Art. 6. La commission peut constituer des sous-commissions chargées de préparer l'étude des questions qui lui sont soumises et de lui en faire un rapport. — Art. 7. Le chef et le sous-chef du bureau des monuments historiques remplissent les fonctions de secrétaire et de secrétaire-adjoint de la commission.

Fait à Paris, le 3 janvier 1889.

IMPRIMERIE PAUL GIRARDOT, ORLÉANS.

www.ingramcontent.com/pod-product-compliance
Lightning Source LLC
Chambersburg PA
CBHW070831210326
41520CB00011B/2204